Seelen - Chaos

Mia und die Adoptivfamilie

Lilly Fröhlich

Seelen - Chaos

Mia und die Adoptivfamilie

Band 7

Impressum

Bibliografische Information der Deutschen Nationalbibliothek: Die Deutsche Nationalbibliothek verzeichnet diese Publikation in der Deutschen Nationalbibliografie; detaillierte bibliografische Daten sind im Internet über http://dnb.dnb.de abrufbar.

TWENTYSIX – Der Self-Publishing-Verlag
Eine Kooperation zwischen der Verlagsgruppe Random House und BoD – Books on Demand

© 2020 Lilly Fröhlich, überarbeitete Fassung

Herstellung und Verlag:
BoD – Books on Demand, Norderstedt

ISBN: 978-3-740-765637

Illustration:	*Lilly Fröhlich, © Lilly Fröhlich*
Cover:	*Lilly Fröhlich/Isabelle Ferrara*
	© 2020 Lilly Fröhlich

Alle Rechte vorbehalten.

Das vorliegende Werk ist mit all seinen Teilen urheberrechtlich geschützt und darf – auch teilweise – nur mit Genehmigung der Autorin wiedergegeben werden. Das Kopieren, die Digitalisierung, die Farbverfremdung und Ähnliches stellt eine urheberrechtlich relevante Vervielfältigung dar. Verstöße gegen den urheberrechtlichen Schutz sowie jegliche Bearbeitung der hier erwähnten schöpferischen Elemente sind nur mit ausdrücklicher vorheriger Zustimmung des Verlags und des Autors zulässig.

Inhaltsverzeichnis

Die Neue 13

Keine Sorge..29

Er, sie, es 43

Zwitter - und kein Regenwurm!...................56

Als ›Normalo‹ bist du ein ›Cis‹ 74

Sportunterricht 84

Wer braucht schon Schule! 92

Mit Sicherheit verliebt 105

Two Spirit - Zweigeist 115

Das Gespräch 127

Der Kuss...136

Marterpfahl 146

Wo ist Herr Knabe?..................................156

Regeln gelten für alle 168

Du bist doch kein Freak!...........................176

Steckbrief:

Name: Mia Maibaum

Alter: $14^{1}/_{2}$ Jahre

Adresse: Bärenklau

Was ich mag: Thomas, Pinguine, Malen

Was ich nicht mag: Streit, Mobbing

Was ich werden will: Tierärztin

Steckbrief:

Name: Thomas Wietmüller

Alter: 14 ½ Jahre

Adresse: Bärenklau

Was ich mag: Mia, Fußball

Was ich nicht mag: Streit, Konkurrenz

Was ich werden will: Anwalt

Steckbrief:

Name: Emma Rosenstein

Alter: 14 ½ Jahre

Adresse: Bärenklau

Was ich mag: Pippi Langstrumpf

Was ich nicht mag: Fleisch

Was ich werden will: Chefin

Steckbrief:

Name: Chris Ebenholz

Alter: 15 Jahre

Adresse: Bärenklau

Was ich mag: Mia, Schokolade

Was ich nicht mag: Mobbing

Was ich werden will: ein Mann

Steckbrief:

Name: Linda Hansen

Alter: 40 Jahre

Adresse: Südafrika

Was ich mag: Mia, Freiheit

Was ich nicht mag: Intoleranz

Was ich werden will: Sozialarbeiterin

Steckbrief:

Name: Dr. Mike Hansen

Alter: 42 Jahre

Adresse: Südafrika

Was ich mag: Familie, Gesundheit

Was ich nicht mag: Intoleranz

Was ich werden will: Chirurg

Die Neue

»Mia, du räumst bitte noch den Geschirrspüler aus«, sagt Tom Maibaum zu seiner Tochter.
Mia verdreht die Augen. »Papa, ich habe Ferien und es sind dreißig Grad. Ich schwitze. Mir ist warm. Muss ich das machen?«

Mias Papa bleibt entrüstet stehen. »Glaubst du, ich lebe in einer Kühlblase und halte mich in einer kälteren Atmosphäre auf als du? Ich muss jeden Tag arbeiten. Ich habe keine Ferien. Du kannst ruhig auch mal was im Haushalt machen.«
Mia stöhnt. »Dann mache ich das heute Abend. Jetzt ist es mir zu warm.«
»Heute Abend bist du doch bestimmt wieder mit Thomas verabredet. Dann hast du auch keine Zeit. Außerdem stört mich das dreckige Geschirr in der Küche«, entgegnet Mias Papa genervt. »Mach es bitte jetzt!«
»Ich bin noch ein Kind«, versucht sich Mia weiter herauszureden.
Sophie Maibaum, Mias Stiefmutter, betritt die Küche und lacht leise los. »Ach! Auf einmal bist du mit vierzehn Jahren ein Kind? Na, dann kannst du dich natürlich abends auch nicht mehr bis 21 Uhr verabreden.«

Tom Maibaum zeigt auf seine Frau. »Touché! Warum bin ich nicht auf die Idee gekommen?« Er wendet sich an Mia. »Bleib ruhig auf dem Sofa liegen und zocke weiter auf deinem Smartphone herum! Du kannst dann heute um halb acht mit Stella ins Bett gehen und wir haben unsere Ruhe.«

»Ich wollte aber ›*Supergirl*‹ mit angucken«, protestiert Mia.

Tom Maibaum lächelt hinterhältig. »Sorry, Kleines! Aber du kannst nicht auf der einen Seite zu jung sein, um im Haushalt mitzuhelfen und auf der anderen Seite die Vorzüge einer Jugendlichen genießen. DC Comic-Verfilmungen sind nichts für kleine Kinder.«

Mia rollt mit den Augen und erhebt sich schwerfällig vom Sofa. Sie wirft ihr Smartphone in die Kissen und stapft wütend in die Küche. Auf dem Weg dorthin blickt sie sehnsüchtig in den Garten, wo ihre Pinguine mit ihrem Uhu Fritz beim Eulenhaus etwas Schatten suchen. Leise vor sich hinschimpfend räumt sie den Geschirrspüler aus, als plötzlich das Telefon klingelt.

»Ich gehe schon«, ruft Mias Papa. »Linda?«

Mia hält inne und spitzt die Ohren.

Ihre Mutter ruft selten an, wobei sie sich seit ihrem kurzzeitigen Aufenthalt in Bärenklau im letzten Schuljahr schon gebessert hat. Früher, als Mias Eltern sich getrennt hatten und ihre Mutter nach Südafrika abgehauen war, hatte sie sich - abgesehen von zwei Postkarten in sechs Jahren - nicht ein einziges Mal gemeldet.
Mias Papa legt den Telefonhörer auf und fängt an zu schimpfen.
Neugierig geht Mia ins Wohnzimmer.
Dort springt ihr Vater herum wie Rumpelstilzchen.
»Papa! Was ist passiert?«, fragt Mia verwundert.
»Tom! Was ist los?«, will auch Sophie wissen.
»Aaaaaaaaah!«, schreit Tom Maibaum und springt weiter auf und nieder. Schließlich hält er inne. »Ich gehe joggen.«
Mia und Sophie verdrehen die Augen.
Mias Papa geht immer Joggen, wenn es Probleme gibt.
Sophie hält ihren Mann am Arm fest. »Nun erzähl doch bitte erst einmal, was Linda wollte! Danach kannst du immer noch loslaufen.«
Tom Maibaum knurrt wie ein wütender Wolf. »Habe ich erwähnt, dass ich sie hasse?« Er reißt sich von Sophie los und rennt aus dem Wohnzimmer. »Gebt mir eine halbe Stunde. Ich laufe nur eben durch den Wald und komme dann wieder. Dann teile ich euch mit, was Mias Mutter für Hiobsbotschaften übermittelt hat. Unfassbar!«
Mia zuckt mit den Schultern und geht zurück in die Küche, um ihren Küchendienst zu beenden.
Nach einer halben Stunde kommt ihr Vater abgekämpft vom Joggen zurück.
»So«, sagt Sophie mit strenger Miene, »die Dusche muss warten. Du hast uns lange genug auf die Folter gespannt. Was wollte Linda von dir?«

Mias Papa wischt sich den Schweiß mit einem Handtuch ab. Dann lässt er sich auf einen Stuhl fallen. »Sie hat geheiratet.«
Mia rümpft die Nase. »Und das regt dich so auf, dass du joggen gehen musst? Liebst du sie etwa noch?«
Sophie zieht die Augenbrauen hoch. »Das interessiert mich jetzt aber auch.«
Mias Papa seufzt kopfschüttelnd. »Nein. Ich liebe sie schon lange nicht mehr. Ein Teil von mir vielleicht noch, aber auch nur, weil sie mir so eine großartige Tochter geschenkt hat…«
Mia lächelt.
»Was ist es dann?«, hakt Sophie ungeduldig nach.
»Ihr neuer Mann ist zeugungsunfähig und er möchte, dass Linda Mia nach Südafrika holt. Sie wollen auf heile Familie machen. Darum hat dieser Mike«, Mias Papa spuckt den Namen förmlich aus, »über einen Anwalt das Sorgerecht für Mia eingefordert. Er will sie ›adoptieren‹.«
Es ist mucksmäuschenstill im Wohnzimmer.
Lediglich das Ticken der Wanduhr unterbricht die Stille.
In Mias Kopf wirbeln eine Million Gedanken herum und nicht alle sind gut. »Was? Spinnt der?«
Tom Maibaum schneidet eine Grimasse und hebt die Hände. »Jetzt wisst ihr, warum ich joggen war.«
»Das hättest du uns lieber vorher sagen sollen, dann wären wir mitgelaufen«, schimpft Mia.
»So etwas kommt überhaupt nicht infrage«, schimpft Sophie los. »Was soll Mia in Afrika?«
»Hallo! Fragt mich auch mal jemand?«, platzt Mia heraus. Ihre Eltern blicken sie fragend an.
»Sag was!«, fordert Mias Papa seine Tochter auf. »Schnell!«

Mia räuspert sich. »Es ist mir total egal, ob meine Mutter noch einmal geheiratet hat. Und dieser Mike kann mich mal! Nur weil er eine Familie will, werde ich ganz bestimmt nicht nach Südafrika ziehen. Und adoptieren wird er mich schon gar nicht. Niemals! Daraus wird nichts.«
»Das sehe ich genauso«, sagt Mias Papa mit einer schiefen Grimasse. »Höchstens für einen Urlaub.«
Mia wirft ihm einen finsteren Blick zu. »Ich gehe nicht nach Südafrika!« Sie macht auf dem Absatz kehrt und stürmt aus dem Haus.
Sie weiß zwar, dass ihr Freund Thomas heute gar keine Zeit hat, aber sie muss trotzdem kurz mit ihm reden.

***

»Mia! Was machst du denn hier?«, ruft Hans Wietmüller, Thomas' Vater, erstaunt. »Ist was passiert? Du siehst aus, als wenn dir ein Gespenst begegnet ist.«
»Hallo Hans, ja, mir ist der Geist der Adoption begegnet. Ist Thomas da?«, fragt Mia schüchtern.
Thomas' Vater zeigt auf eine Tür. »Thomas sortiert gerade für mich ein paar Akten ein. Dann habe ich endlich wieder Ordnung in meinem Archiv.«
Mia zögert. »Darf ich ihn trotzdem kurz sprechen?«
»Geh ruhig hinein! Er wird sich über die kurze Ablenkung freuen«, sagt Thomas' Vater freundlich. »Und wenn du einen Rat brauchst, sprich mich an! Wozu hat man einen Anwalt in der Familie!«
Mia dankt ihm und betritt das Archiv der Anwaltskanzlei.
»Hi!«, ruft Thomas überrascht, als er seine Freundin sieht. Mia lächelt gequält, dann fliegt sie ihm in die Arme und bricht in Tränen aus.
Bestürzt streichelt Thomas über ihren Rücken. »Du meine Güte, was ist passiert? Bist du etwa schwanger?«

Nach wenigen Minuten hat sich Mia beruhigt. Schniefend löst sie sich aus der Umarmung. »Nein. Ich bin nicht schwanger. Es ist viel schlimmer.«
»Oh Gott, schlimmer? Bist du krank?« Thomas wird leichenblass.
Mia schüttelt den Kopf. »Meine Mutter hat geheiratet.«
»Okay! Und das ist ein Problem? Dein Vater hat doch auch Sophie geheiratet«, sagt Thomas verwirrt.
Mia nickt. »Mike, so heißt ihr neuer Mann, will eine Familie haben. Weil er aber selbst keine Kinder zeugen kann, hat er einen Anwalt beauftragt, das Sorgerecht für mich zu bekommen. Er will mich adoptieren!«
Thomas runzelt die Stirn. Dann zieht er Mia wieder in seine Arme. »Ich lasse es nicht zu, dass du nach Afrika gehst. Niemals!«
Mia lacht leise. »Das habe ich auch schon gesagt.«
Thomas drückt Mia fest an sich. »Ich will nicht, dass du so weit weg gehst. Es würde mir das Herz brechen.«
Mia wischt sich die Tränen ab. »Mir auch. Ich liebe dich bis zum Mond und wieder zurück.«
»Und ich liebe dich bis zum Planeten Daxam und wieder zurück«, feixt Thomas, den Mia mit ihrer Vorliebe für die Actionserie ›*Supergirl*‹ angesteckt hat.
»Wir werden dafür kämpfen, dass du hier bei mir in Bärenklau bleiben kannst. Das verspreche ich dir hoch und heilig«, sagt Thomas entschlossen.
Mia drückt ihren Freund noch ein letztes Mal, dann verabschiedet sie sich.

***

»Niemals«, ruft Emma Rosenstein einmal durch das ganze Gewächshaus. Sie wirft ihre rotbraunen Pippi-Langstrumpf-Zöpfe über die Schulter und springt aus einem ihrer vier Hängesessel, die sie in ihrer eigenen kleinen Oase in der Baumschule ihres Vaters aufgestellt hat. Voller Empörung stapft sie zur Saftbar und mixt schnell zwei Fruchtcocktails für sich und ihre beste Freundin und Klassenkameradin Mia.

»Was bildet sich der Typ eigentlich ein? Und warum macht deine Mutter das mit?«
Mia zuckt mit den Schultern. »Ich habe keine Ahnung. Ich kenne ihn ja nicht einmal.«
»Und er dich auch nicht. Ich meine, er beantragt einfach mal eben so das Sorgerecht, ohne zu wissen, wer du eigentlich bist.« Emma schüttelt den Kopf. »Tss! Und dann will er dich auch noch adoptieren! Unfassbar!«
»Ich rieche Probleme«, sagt Oma Kassy. Sie steckt ihren grauhaarigen Kopf durch die Tür der Oase und schnüffelt.

Emma grinst. »Komm rein, Oma! Deine Nase ist einfach die Beste!«
Oma Kassy schiebt ihre Brille zurück auf die Nase und wirft ihre grauen Pippi-Langstrumpf-Zöpfe demonstrativ auf den Rücken. »Na, dann schießt mal los! Was erhitzt eure Gemüter?«
Emma zeigt auf Mia. »Mia soll nach Südafrika auswandern.«
Entsetzt blickt Oma Kassy zur Freundin ihrer einzigen Enkeltochter. »Was? Warum das denn? Das kommt überhaupt nicht infrage! Wir brauchen dich hier!« Sie schwingt sich in einen Hängesessel und rubbelt sich über die Stirn. »Will dein Vater nun etwa auch nach Afrika auswandern?«
Mia schüttelt den Kopf. »Der doch nicht! Der hasst den Kontinent, seitdem Mama dorthin abgehauen ist.«
Oma Kassy rümpft die Nase. »Jetzt verstehe ich gar nichts mehr. Du bist vierzehn. Das ist kein Alter, um alleine den Kontinent zu wechseln.«
Mia lacht leise. »Das würde ich auch niemals tun. Ich will hier gar nicht weg. Aber meine Mutter hat neu geheiratet und ihr Mann *Mike*«, Mia legt so viel Antipathie in das Wort wie möglich, »hat über einen Anwalt das Sorgerecht für mich beantragt.«
»Der Typ geht sogar noch einen Schritt weiter, Oma! Er will Mia *adoptieren*!«, wirft Emma erbost ein.
»Spinnt der? Der soll gefälligst selbst Kinder machen! Faules Stück!«, entrüstet sich Oma Kassy.
Mia und Emma kichern leise.
Dann wird Mia wieder ernst. »Meine Mutter hat meinem Vater am Telefon erzählt, dass ihr neuer Mann keine Kinder zeugen kann. Und weil er eine Familie will, hat er beschlossen, mich zu sich nach Südafrika zu holen.«

Oma Kassy hustet. »Boah, das ist ja ein starkes Stück! Das solltest du dir aber nicht gefallen lassen!«
»Was kann sie denn dagegen tun, Oma?«, fragt Emma verzweifelt. Normalerweise hat sie immer eine Lösung, aber heute fällt ihr nichts ein.
Grübelnd rutscht Oma Kassy tiefer in den Hängesessel. Schließlich erhellt sich ihr faltiges Gesicht. »Kinder, ich hab's! Das ist *die* Idee!«
Emma und Mia sind gespannt wie die Flitzebögen.
»Nun sag schon, Oma! Raus mit der Sprache!«, drängt Emma nervös. Sie hat bereits den ersten Fingernagel abgekaut. Sie kann es auf gar keinen Fall zulassen, dass ihre beste Freundin wegzieht.
»Sophie ist doch die Ehefrau von deinem Papa…«, beginnt Oma Kassy.
Mia nickt. »Ja. Und?«
»Sie könnte dich doch adoptieren. Dann kann der Mann deiner Mutter auf und niederspringen so viel er will, er wird das Sorgerecht nicht mehr bekommen können.«
Mia lächelt über das ganze Gesicht. »Super Idee! Das werde ich meinen Eltern gleich heute noch vorschlagen.«

***

»Guten Morgen, liebe Schülerinnen und Schüler«, begrüßt Herr Knabe seine Klasse schwungvoll. Er wirft seine alte Ledertasche auf das Pult und springt hinterher. »Alle frisch und munter aus den Ferien zurückgekehrt?« Er blickt sich um. »Oder fehlt jemand?«
»Nein. Alle sind da, Herr Knabe«, sagt Nils Sanders.
Seine Zwillingsschwester Amelie nickt bestätigend. »Alle gesund und munter.«
»Prima! Wir kriegen nämlich gleich noch eine neue Schülerin. Frau Hafer wird sie jeden Augenblick vorbeibrin-

gen.« Kaum hat er die Schülerin angekündigt, als es an der Klassenzimmertür klopft.
»Herein!«, ruft Herr Knabe fröhlich.
»Warum ist er so gut gelaunt?«, wispert Boris Brotmayer seinem Tischnachbarn, Lennard Bayer, zu.
Lennard zuckt mit den Schultern.
»Das habe ich gehört, Jungs!«, sagt Herr Knabe leise lachend. »Und ich werde euch mein Geheimnis gleich anvertrauen.«
»Jetzt!«, fordert Linda Kamm neugierig ein.
Herr Knabe hebt eine Hand, legt sich einen Finger an die Lippen und geht zur Tür. »Hereinspaziert, junge Dame!«
Mia sitzt so, dass sie einen hervorragenden Blick auf den Neuzugang hat. Sie sieht, wie das Mädchen kaum merklich zusammenzuckt, als Herr Knabe sie begrüßt.
»Das soll ein Mädchen sein? Sie sieht eher aus wie ein Junge«, bemerkt Emma leise.
Mia nickt.
Das ist ihr auch gleich aufgefallen.
Erleichtert atmet sie auf. Sie hätte auch keine Lust auf Konkurrenz gehabt. Es ist zwar nicht so, dass sie Angst um ihren Freund hat, aber sie ist ganz froh, dass sie nun schon seit einem Jahr mit ihm zusammen ist. Und sie ist absolut glücklich verliebt. Da braucht sie überhaupt kein hübsches Mädchen, welches ihr die Show stiehlt.
Das Mädchen mit den braunen Struwwelkopf und den blauen Augen betritt schüchtern das Klassenzimmer.
Frau Hafer, die Schulleiterin, winkt kurz in die Klasse und verabschiedet sich dann.
Herr Knabe führt das Mädchen zur Tafel. »Das, liebe Klasse, ist Christina Ebenholz. Sie ist gerade erst aus Berlin hierhergezogen. Christina hat noch drei große Brüder.«
Herr Knabe blickt sich suchend im Klassenzimmer um.

Dann winkt er Michael zu. »Michael, bitte setze dich zu Nils! Christina, du setzt dich bitte zu Mia! Das hübsche blonde Mädchen in der ersten Reihe«, fügt Herr Knabe hinzu und zwinkert Mia zu.

»Ohoo! Herr Knabe, sie wollen wohl Ärger mit Thomas riskieren, was?«, ruft Lennard verschmitzt.

»Was? Nee, wieso?«, entgegnet der Lehrer perplex.

»›*Das hübsche blonde Mädchen in der ersten Reihe*‹«, wiederholt Boris und wackelt mit den Augenbrauen. »Deshalb bekommt Mia wohl immer so gute Noten, was? Das ist gar kein Fleiß. Das sind reine Sympathiepunkte.«

Herr Knabe stöhnt. »Jungs!« Er hebt entschuldigend die Arme. »Verzeiht! So war das nicht gemeint.« Er dreht sich zur neuen Schülerin um. »Christina, setz dich bitte zu Mia!«

Mia, die den Neuzugang die ganze Zeit über beobachtet hat, legt den Kopf schief. Jedes Mal, wenn Herr Knabe ihren Namen ausgesprochen hat, ist sie zusammengezuckt.

So cool wie möglich schlurft Christina durch das Klassenzimmer. Dabei bewegt sie sich alles andere als damenhaft.

»Christinas Eltern sind Chocolatiers«, schwärmt Herr Knabe. »Und ich darf sagen, sie stehen nicht umsonst auf der Liste der zehn besten Schokoladenhersteller der Welt.«

»Was?«, ruft Emma begeistert. »Die besten der Welt? Da gibt es eine Liste? Gott, die muss ich haben. Herr Knabe, reden Sie bitte nicht weiter von Schokolade! Ich liiiiebe das Zeug!« Sie schleckt sich über den Mund.

Matthew Jones, ihr Freund, mit dem sie nun auch schon fast ein Jahr zusammen ist, zwinkert ihr zu. »Dann habe ich ja gleich schon ein Geschenk für dich.«

Emma wirft ihm einen Luftkuss zu. »Du bist immer mein Held! Ob mit oder ohne Schokolade.«
Nils, der nun schon seit zwei Jahren unglücklich in Emma verliebt ist, schneidet eine Grimasse. »Könnt ihr euer Geplänkel nicht für später aufheben?«
»Was für Schokolade stellen Christinas Eltern denn her?«, fragt Linda neugierig.
Christina verzieht das Gesicht. Zögernd hebt sie einen Arm.

»Ja, Christina? Du willst selbst antworten?«, fragt Herr Knabe gut gelaunt.

Das Mädchen nickt. »Ich antworte gerne. Aber bitte nennen Sie mich nicht ›Christina‹. Ich hasse diesen Namen. Ich bin Chris.«
Erstaunt hebt Herr Knabe beide Augenbrauen.
Schließlich nickt er. »In Ordnung, Chris. Dann verrate mal, welche Schokolade deine Eltern herstellen.«
Chris räuspert sich, während sie ihre Tasche neben Mia abstellt und Platz nimmt. »Die Firma meiner Eltern heißt ›Chocolat de la Lune‹. Sie hatten ihre Firma in Berlin. Aber da mein Vater eine größere Produktionsstätte brauchte, hat er hier eine alte Industriehalle gekauft. Nächste Woche nimmt er dort seine Arbeit auf. Er ist ein Chocolatier und meine Mutter eine Konfiseur. Sie ist gelernte Konditorin, stellt aber Pralinen her.«
»›Schokolade vom Mond‹«, übersetzt Emma, die Französisch als zweite Fremdsprache hat, den Firmennamen der Schokoladenfabrik. »Das klingt magisch!«, fügt sie hinzu und verdreht schwärmerisch die Augen.
»Ja, das hört sich nach verdammt guter Schokolade an«, wirft auch Mia ein.
Emma fällt fast in Ohnmacht. Sie lässt sich gegen Mias Schulter plumpsen und seufzt. »Gott, klingt das lecker! Können wir bitte, bitte eine Führung mit Kostprobe durch die Schokoladenfabrik bekommen?«
Chris lächelt zum ersten Mal. »Das lässt sich bestimmt einrichten.«
»Gut, wenn wir das geklärt haben, können wir uns ja nun unserem Stundenplan widmen. Ihr seid ja schon in der achten Klasse... Mann, Mann, Mann! Wie die Zeit vergeht. Bald seid ihr Abiturienten und ich ein alter Opa«, seufzt Herr Knabe.
»Haben Sie denn noch immer keinen Nachwuchs geplant, Herr Knabe?«, ruft Boris.

»Es kann ja nicht jeder so früh anfangen wie du«, sagt Linda schnippisch.

Boris zwinkert ihr zu. »Kunststück! Aber meine Tochter ist mit ihren fünf Monaten das süßeste Kind der ganzen Welt.«

Die Schüler kichern leise.

»Nun verraten Sie uns endlich den Grund Ihrer guten Laune«, fordert Amelie den Klassenlehrer auf.

Herr Knabe grinst bis über beide Ohren.

»Es muss wirklich verdammt gut sein«, murmelt Hannes Steinmeier.

»Stimmt! Herr Knabe sieht aus wie ein Honigkuchenpferd«, kichert Linda hinter vorgehaltener Hand.

»Meine Freundin und ich…«

»Sie haben eine Freundin?«, wird der Lehrer von Lennard unterbrochen.

»Das haben Sie aber bisher gut vor uns geheimgehalten«, sagt Amelie vorwurfsvoll.

»Quatsch! Herr Knabe hat sich doch schon auf der Abschlussparty vor den Ferien verraten«, winkt Emma ab.

Herr Knabe lächelt. »Nun ja, damit geht man als Lehrer ja nicht hausieren.« Er schluckt. »Auf jeden Fall bekommen wir ein Baby.«

Es ist mucksmäuschenstill im Klassenzimmer.

Herr Knabe blickt seine Schüler an, als erwartete er einen Riesenapplaus.

Boris pfeift leise durch die Zähne. »Dann waren Sie nach der Abschlussfeier wohl doch noch in Feierlaune, was?«

»Ist das Ihre Überraschung?«, fragt Lennard entgeistert.

»Also, nachdem wir im letzten Schuljahr diese nervigen Baby-Dummys hier hatten, steht mir gar nicht mehr der Sinn nach Babys«, gesteht Linda.

Lennard grinst sie an und hebt den Daumen.

Boris grunzt. »Nun stellt euch mal alle nicht so an, ja!«
»Du, Boris, hast das Geschrei ja jeden Tag zuhause. Wie kannst du Herrn Knabe dann auch noch unterstützen? Babys sind schrecklich. Was ist mit deiner Tochter? Schreit sie immer noch so viel wie am Anfang?«, wirft Hannes ein.
»Nö. Lina ist sooo süß! Und jedes Mal, wenn sie mich ansieht, lächelt sie«, verrät der sonst so vorlaute Boris ganz stolz.
»Ein stolzer Papa? Wie eklig!« Hannes verzieht das Gesicht.
»Hannes, halt die Klappe«, wirft Emma ihm an den Kopf. »Endlich ist Boris zur Vernunft gekommen und akzeptiert seine Vaterrolle. Nun mach ihm das bloß nicht wieder madig!«
»Das finde ich auch. Ich freue mich besonders darüber, dass du dich mit Bella zusammengerauft hast, Boris, und ihr eure Tochter nun gemeinsam großzieht«, sagt Herr Knabe.
»Aber wir sind nicht zusammen«, betont Boris. »Wir leben nur in einem Haus. Bella wird mir zu schnell schwanger. Das will ich kein zweites Mal erleben. Ich bin schließlich erst vierzehneinhalb.«
»Herzlichen Glückwunsch, Herr Knabe«, sagt Mia zu ihrem Klassenlehrer. »Ich freue mich für Sie. Offenbar ist das sehr wichtig für Ihr Seelenheil.«
Herr Knabe nickt seufzend. »Wir haben schon darüber nachgedacht, ein Kind zu adoptieren, weil es einfach nicht klappen wollte. Ich hatte als Kind Mumps und da war die Wahrscheinlichkeit groß, dass ich zeugungsunfähig bin.«
»Sind Sie sicher, dass das Kind von Ihnen ist?«, platzt Lennard heraus und lacht gehässig.

Herr Knabe schneidet eine Grimasse. »Ja, danke, Lennard. Das bin ich. Ich habe mich testen lassen.« Er holt ein Buch aus seiner Tasche. »So, und nun wollen wir uns eurem Stundenplan widmen. Holt bitte eure Hefte heraus und schreibt mit!«
Die Schüler stöhnen.
»Muss das sein?«
»Kein Bock!«
»Immer das blöde Schreiben!«
»Ihr seid doch schon groß, da könnt ihr auch mal ein bisschen schreiben. Seit froh, wenn ihr nur den Stundenplan abschreiben müsst«, sagt Herr Knabe grinsend und schaltet den Computer an, um den Stundenplan an die computergesteuerte, weiße Tafel zu werfen.
»Ach, und weil Sie schon besonders groß sind, nutzen Sie die Whiteboard statt die Kreidetafel?«, grunzt Lennard.
»Genau«, erwidert Herr Knabe und zwinkert seinem Schüler lässig zu.

Keine Sorge

Zaghaft klopft Mia an die Tür.
»Herein!«
Mia und Emma betreten das Büro.
Es ist das Arbeitszimmer von Lisa Sorgenfrei vom Jugendamt. Die Schränke sind in schlichtem Weiß gehalten, in denen sich jede Menge farbige Aktenordner tummeln. Auf der Fensterbank stehen ein paar Pflanzen. Die junge Mitarbeiterin vom Jugendamt sitzt am Schreibtisch vor ihrem Computer und blickt ihrem Besuch neugierig entgegen.

»Hallo Mädels! Was habt ihr denn auf dem Herzen?« Sie deutet auf die zwei Stühle vor dem Schreibtisch. »Habt ihr Sorgen?«
Mia nickt.
Schüchtern setzt sie sich hin, Emma nimmt neben ihr Platz.
»Wir haben da mal eine Frage…«
»Nur zu!« Aufmunternd lächelt Lisa Sorgenfrei die beiden Mädchen an. »Was immer es ist, ich werde mich bemühen, euch zu helfen.«
Mia atmet einmal tief ein, dann erzählt sie vom Anruf ihrer Mutter. »Als ich in der ersten Klasse war, ist meine Mutter mit einem anderen Mann durchgebrannt. Seitdem habe ich sie nur ein einziges Mal gesehen. Letzten Sommer. Da kam sie mich besuchen. Ansonsten meldet sie sich so gut wie nie. Sie arbeitet in einer Klinik in Südafrika.«
»Und nun möchte sie, dass du zu ihr nach Südafrika ziehst?«, hakt Lisa Sorgenfrei nach.
Mia grunzt. »Ob sie das will, weiß ich gar nicht. Aber ihr neuer Mann Mike«, sie spuckt den Namen verächtlich aus, »hat einen Anwalt beauftragt, das Sorgerecht für mich zu erkämpfen. Er will mich sogar adoptieren.«
Lisa Sorgenfrei runzelt die Stirn. »Und wie lautet nun deine Frage an mich?«
»Können Sie sich das nicht denken?«, platzt Emma unwirsch heraus.
»Doch«, sagt Lisa Sorgenfrei und unterdrückt ein Lachen, »aber ich will euch ja nicht alles vorwegnehmen. Vielleicht möchte Mia ja ganz dringend nach Afrika und möchte nun von mir wissen, wie sie den Prozess beschleunigen kann.«

Emma schnauft. »Sie glauben auch noch an den Weihnachtsmann, oder?«

»Ja«, entgegnet die Sozialarbeiterin. »Du etwa nicht?«

»Doch«, sagt Emma und grinst keck, »ich glaube auch an Pippi Langstrumpf. Deshalb gibt es sie leider trotzdem nicht in echt.«

»Oh, ich finde, du siehst ihr schon recht ähnlich«, kontert Lisa Sorgenfrei.

»Danke, das ist auch meine Absicht«, sagt Emma stolz.

»Kann mich mein neuer Stiefvater dazu zwingen, zu ihm und meiner Mutter nach Südafrika zu ziehen?«, unterbricht Mia das Geplänkel.

Lisa Sorgenfrei wiegt den Kopf hin und her. »Das kommt ganz darauf an… Wie alt bist du denn, Mia?«

»Vierzehn«, antwortet Mia.

»Und deine Eltern sind geschieden?«, hakt Lisa Sorgenfrei nach.

»Das geht jawohl nicht anders«, sagt Emma entgeistert, »schließlich hat Mias Papa eine andere Frau geheiratet und Mias Mutter jetzt diesen komischen Mike.«

»Stimmt. Das erzähltest du. Und weißt du zufällig, wer das Sorgerecht für dich hat? Oder teilen sich deine Eltern das Sorgerecht?«

Mia bläst die Backen auf. »Keine Ahnung. Da meine Mutter sich ja aus dem Staub gemacht hat und nicht einmal bei der Scheidung dabei war, schätze ich, dass mein Vater das alleinige Sorgerecht hat.«

»Das ist ungewöhnlich. Aber natürlich kann das so sein. Egal«, winkt die Sozialarbeiterin ab, »selbst wenn beide das Sorgerecht für dich haben. Du bist vierzehn und damit alt genug, um mitzubestimmen, wo du wohnen möchtest. Wenn du hierbleiben willst, wird kein Gericht der Welt dich dazu verdonnern, zu deiner Mutter und ihrem neuen Mann nach Südafrika zu ziehen.«

»Sicher?«, fragt Mia angespannt.

»Sicher. Aber du kannst natürlich auch gerne mal mit einem Rechtsanwalt darüber sprechen. Sofern deine Eltern damit einverstanden sind«, fügt Lisa Sorgenfrei schnell hinzu, »denn schließlich ist so ein Beratungsgespräch beim Anwalt teuer.«

Mia erhebt sich. »Okay, danke, Frau Sorgenfrei.«

»Gern geschehen. Wenn du noch Fragen auf dem Herzen hast, melde dich einfach oder komm vorbei!« Sie drückt Mia eine Visitenkarte in die Hand.

»Danke!«

Sie verabschieden sich und verlassen das Gebäude.

»Thomas' Vater ist doch Rechtsanwalt. Meinst du, du kannst ihn fragen?«, wirft Emma ein.

Mia blickt auf ihre Armbanduhr. »Zumindest hat er mir Hilfe angeboten. Es ist vier Uhr nachmittags. Bestimmt arbeitet er noch.«

»Dann besuchst du entweder Thomas zuhause und wartest, bis sein Vater kommt oder wir gehen eben in der Kanzlei vorbei«, schlägt Emma vor.

Mia kaut nachdenklich auf ihrer Unterlippe. »Ich schicke Thomas eben eine Nachricht.«

›*Bist du zuhause? Kuss, Mia* 💋‹

Sie muss keine Minute warten, da kommt die Antwort.

›*Nein. Ich bin in der Kanzlei und helfe meinem Vater. Willst du kurz vorbeikommen und dir einen echten Kuss abholen?* 😍‹

Mia lächelt. Dann tippt sie eilig eine Antwort.

›*Sehr gerne. Ich habe Sehnsucht nach dir.* ‹

Mia blickt auf. »Thomas ist bei seinem Vater in der Kanzlei.«
»Na, dann gehen wir doch eben vorbei.« Emma hakt ihre Freundin unter und läuft mit ihr zum Marktplatz.
Kurz darauf betreten sie die Kanzlei und werden sogleich von der Sekretärin empfangen.
»Hallo Mia! Schön, dass du vorbeischaust.«
»Hallo«, sagt Mia und lächelt freundlich. »Das ist meine Freundin Emma.«
»Hallo«, sagt die Sekretärin höflich und Emma grüßt zurück.
Eine Tür öffnet sich und Thomas' Vater begleitet zwei Mandanten nach draußen. Als er sie verabschiedet hat, wendet er sich an Mia. »Na, Schwiegertöchterchen in spe! Hattest du Sehnsucht nach meinem Sohn? Oder vielleicht sogar nach mir?« Hans Wietmüller wackelt mit den Augenbrauen und zwinkert Mia dann grinsend zu.
Mia knetet nervös ihre Hände. »Beides«, sagt sie ehrlicherweise.
Hans Wietmüller zieht die Augenbrauen hoch. »Echt? Na, dann komm mal mit in mein Büro!«
Mia blickt zu Emma, die ihr bestätigend zunickt. »Nun geh schon!«, sagt sie leise.
»Kommst du nicht mit?«, fragt Mia nervös.
Widerwillig geht Emma mit.
Mia und Emma folgen Thomas' Vater in dessen Büro. »Wo ist Thomas denn heute? Im Archiv?«

Hans Wietmüller nickt. »Ja. Ein letzter Schrank wartet noch auf Ordnung. Du kannst ja gleich mal rüberschauen, wenn du mir verraten hast, wo der Schuh drückt.«
»Gerne.«
Hans Wietmüller deutet auf die beiden Stühle vor seinem Schreibtisch. »Setzt euch bitte, Mia! Wie kann ich dir helfen?« Er lächelt Mia an und wartet höflich, aber gespannt ab.
Mia räuspert sich, doch der Angstkloß in ihrem Hals lässt sich nicht wegräuspern. »Lisa Sorgenfrei vom Jugendamt meinte, ich könnte einen Anwalt fragen. Aber eigentlich sind Anwälte teuer. Ich weiß also gar nicht, ob ich dich bezahlen kann«, gibt sie zu.
Hans Wietmüller lacht laut auf. »Über die Bezahlung werden wir uns sicherlich einig.«
Emma hebt kopfschüttelnd einen Finger. »Nee, das klärt man besser immer vorher, sagt meine Oma immer.«
Hans Wietmüller zwinkert Emma verschwörerisch zu. »Kluge Oma!« Er wendet sich wieder an Mia. Ächzend erhebt er sich aus seinem Schreibtischstuhl und läuft um den Schreibtisch herum. Er setzt sich auf die Tischplatte und ergreift Mias Hände. »Was hast du auf dem Herzen? Probleme mit meinem Sohn?«
Mia lächelt verliebt. »Aber nein, mit Thomas ist alles in bester Ordnung.«
»Das freut mich zu hören. Ihr seid wirklich ein ganz bezauberndes Paar.« Thomas' Vater geht zu einer Bar und holt drei Gläser heraus. »Cola?«
»Sehr gerne«, sagt Mia. Sie holt tief Luft und erzählt dann von dem neuen Mann ihrer Mutter, der sie nach Südafrika holen will. Hans Wietmüller hört gespannt zu, dann reicht er beiden Mädchen ein Glas Cola. Er setzt sich auf die Tischplatte und sagt: »Mia, ich kann dich beruhigen. Die-

ser Mike wird damit keinen Erfolg haben. Ich weiß nicht, wie die Sorgerechtsregelung zwischen deinen Eltern ist, aber ich glaube mich zu erinnern, dass dein Vater das alleinige Sorgerecht hat. Er darf entscheiden, wo du wohnst. Und da du schon vierzehn Jahre alt bist, darfst du auch mitentscheiden, wo du wohnst.«

»Dann können mich meine Mutter und dieser Mike nicht dazu zwingen, nach Südafrika zu gehen?«, hakt Mia noch einmal vorsichtshalber nach.

Hans Wietmüller schüttelt seufzend den Kopf. »Nein. Selbst, wenn der Anwalt eine Entscheidung des Familiengerichts beantragt, glaube ich kaum, dass dich der Familienrichter aus deiner gewohnten Umgebung nehmen würde. Bei so einer Entscheidung steht immer das Kindeswohl an erster Stelle. Weißt du, was das bedeutet?«

Mia schüttelt den Kopf.

»Dann versuche ich es mal, dir zu erklären…« Hans Wietmüller holt tief Luft. »Kinder und Jugendliche haben Rechte. Damit will man gewährleisten, dass es ihnen gut geht. Eltern sollen auf sie aufpassen, damit sie gesund bleiben und immer genug zu Essen und zu Trinken haben. Auf den Fall bezogen heißt das, ein Richter würde gucken, wo es dir besser geht: Hier in Bärenklau oder in Südafrika. Du bist hier geboren und aufgewachsen. Du gehst hier zur Schule, hast hier dein Zuhause, deine Pinguine, deinen Uhu und nicht zuletzt natürlich auch deinen Freund. Der ja mein Sohn ist«, fügt Thomas' Vater grinsend hinzu. »Ich als Richter würde also sehen, dass es dir hier in Deutschland besser geht und dein Kindeswohl in Südafrika eher gefährdet wäre.«

»Und die Sache mit der Adoption?«, fragt Emma ängstlich nach.

Hans Wietmüller verdreht die Augen. »Das ist pure Panikmache! Ich weiß nicht, wie der Mann deiner Mutter darauf kommt, dass er dich einfach mal eben so im Vorbeilaufen adoptieren kann! Für so eine ›*Stiefkindadoption*‹ bedarf es einiger Dinge, die erst erfüllt sein müssen. So einfach ist das nicht.«
»Was sind das für Voraussetzungen?«, will Mia wissen.
»Nun, zunächst müsste dieser Mike zur Adoptionsvermittlungsstelle des Jugendamtes gehen und einen Antrag auf Adoption stellen. Für so einen Antrag auf Stiefkindadoption braucht er Unterlagen.«
»Was für Unterlagen?«, will Mia wissen.
»Er braucht einige Papiere und Zeugnisse von dir. Die zu besorgen ist weniger das Problem. Aber da du schon vierzehn bist, musst du der Adoption bei einem Notar zustimmen, der das in einer Urkunde festhält. Da du dich nicht von ihm adoptieren lassen willst, wird er diese Urkunde schon mal nicht bekommen. Außerdem müssen beide leiblichen Eltern zustimmen, auch dein Vater.«
»Mein Vater würde eher sterben, als dem zuzustimmen«, platzt Mia heraus.
Hans Wietmüller deutet mit dem Finger auf Mia. »Siehst du! So schätze ich Tom auch ein.«
»Und was braucht dieser Mike noch?«, fragt Emma nach.
»Bei einer Adoption guckt der Familienrichter, wo das Kind lebt. Das Kind muss nämlich mindestens ein Jahr bei dem Elternteil wohnen, dessen neuer Partner dich adoptieren will. Und da du nicht in Südafrika leben willst, ist das gleich die nächste Hürde«, führt Hans Wietmüller weiter aus. »So ein Verfahren dauert lange. Mindestens sechs bis zwölf Monate, wenn alles glatt läuft. Da du aber auf einem ganz anderen Kontinent lebst, hat er quasi keine Chance.«

Aufatmend lehnt sich Mia in ihrem Stuhl zurück und nippt an ihrer Cola.
Plötzlich klopft es an der Bürotür.
»Herein!«, ruft Thomas' Vater.
Thomas' Kopf erscheint. »Hallo Papa! Ich bin fertig.« Er erblickt Mia und reißt überrascht die Augen auf. »Mia! Du bist schon hier?«
Mia erhebt sich lächelnd und fliegt Thomas in die Arme. »Ich habe deinen Papa was gefragt.«
»Ich hoffe, mein alter Herr konnte dir helfen!«, sagt Thomas und drückt Mia einen schnellen Kuss auf.
»Ja, das konnte er.« Arm in Arm geht Mia mit Thomas zum Schreibtisch.
»Der ›alte Herr‹ hilft doch gerne«, sagt Hans Wietmüller leicht pikiert. »Und falls noch ein Anwaltsschreiben aus Afrika kommt, Mia, weißt du ja, wo du mich findest.«
»Und was kostet die Beratung heute?«, fragt Emma mit leichtem Misstrauen.
Hans Wietmüller lacht. »Wie wäre es, wenn Mia und Thomas heute ein Abendessen zaubern?«
Thomas und Mia blicken sich an.
Schließlich nicken beide. »Das machen wir doch glatt.«
»Super, dann bin ich um 18.30 Uhr zuhause. Und nun hinfort mit euch! Ich muss noch arbeiten.«

***

»Deine Küsse schmecken heute wie Erdbeermousse«, schwärmt Thomas und stibitzt sich gleich noch einen Kuss von Mia.
Sie sitzen auf dem Affenfelsen neben dem kleinen Wäldchen von Bärenklau und genießen die Sonne gemeinsam mit ihren Freunden Emma und Matthew.

Mia lacht. »Das liegt daran, dass ich von dir mit Erdbeeren verwöhnt wurde.«
»Wie findet ihr eigentlich die Neue?«, wirft Matthew ein. Er umarmt Emma und drückt sie zärtlich an sich.
»Das ›sie‹ will mir gar nicht über die Lippen gehen«, gesteht Emma. »Irgendwie benimmt sich Christina eher wie ein Christian.«
»Das ist mir auch schon aufgefallen«, sagt Mia stirnrunzelnd. »Ich meine, heutzutage ist es ja egal, wenn sich Mädchen Hosen anziehen. Das heißt ja nicht automatisch, dass sie lieber ein Junge sein wollen. Aber Chris verhält sich irgendwie ein bisschen…« Mia sucht das richtige Wort.
»Burschikos?«, wirft Thomas ein.
»Genau.«
»Vielleicht ist sie lesbisch«, überlegt Matthew.
Er wackelt mit den Augenbrauen.
Emma schlägt ihm verspielt gegen den Oberarm. »Du bist unmöglich! Was findet ihr Jungs eigentlich an Lesben so toll?«
Matthew zuckt mit den Schultern. »Ich finde es voll krass, wenn sich zwei Frauen küssen.« Er grinst und zwinkert Thomas verschwörerisch zu.
Thomas lächelt verschämt und blickt zu Boden.
Mia stupst ihn an. »Findest du das etwa auch toll?«
Thomas zuckt mit den Schultern. »Weiß nicht…«
»Ha!«, ruft Emma aus. »Das ist glatt gelogen, mein Lieber! Du findest das auch toll. Aber du willst es Mia gegenüber nicht zugeben, weil du Angst hast, dass sie dir eine Szene macht.«
»Echt?« Mia mustert Thomas.
Thomas winkt ab. »Ist das so wichtig, ob ich das toll finde?«

Emma denkt kurz nach. »Es ist nur wichtig, wenn du Chris toll findest.«
Erschrocken richtet sich Mia auf. »Was? Du findest Chris toll?« Sie fängt augenblicklich an zu schwitzen. Ihre Wangen sind sogleich stark gerötet. Sie springt auf und klettert den Felsen hinunter.
Thomas stöhnt genervt und folgt ihr. »Toll, Emma!«, knurrt er. »Nun warte doch, Mia! Lauf nicht gleich davon! Ich bin nicht in Chris verliebt. Ich finde sie auch nicht toll. Ich sehe gar keine Mädchen außer dir.«
Mia bleibt stehen und stemmt sich entrüstet die Hände in die Hüften. »Sei ehrlich!«
Thomas ergreift ihre Hände. »Ich liebe dich, Mia. Du bist das schönste und klügste Mädchen des ganzen Universums. Warum sollte ich mich bei Chris mit der dritten Wahl zufrieden geben, wenn ich mit dir die erste Wahl an der Angel habe?«
»›*Supergirl*‹ ist viel schöner als ich«, sagt Mia leise. Doch dann muss sie lachen. »Aber die hat ja ihren ›Mon El‹.«
»Genau«, sagt Thomas und zieht Mia in seine Arme. Er gibt ihr einen leidenschaftlichen Kuss. »›*Supergirl*‹ hat ihren ›Mon El‹ und ich habe dich.«
Matthew ändert die Musikrichtung auf seiner Playlist und erhöht die Lautstärke seiner Musikbox. Nun ertönt ein alter Schmusesong.
Thomas ergreift Mias Hände und tanzt mit ihr um den Felsen herum. Auf der anderen Seite küsst er sie erneut.
»Wollen wir einen kleinen Waldspaziergang machen?«
Mia nickt. Dann ruft sie nach oben. »Wir erkunden den Wald. Kommt ihr mit?«
»Nein, wir warten hier auf euch«, ruft Emma zurück.
Mia und Thomas machen auf dem Absatz kehrt und schlendern zum Wald. Sie gehen den Hauptweg entlang

und biegen in einen kleinen Waldweg. Nach ein paar Minuten kommen sie zur verlassenen Waldhütte, die früher einmal einem alten Kauz gehört hatte, der nicht im Dorf leben wollte. Der Mann war jedoch längst gestorben.
»Wir hatten noch nie Sex in dieser verlassenen Hütte«, sagt Thomas plötzlich. Er zieht Mia hinter sich her und läuft zur Tür.

Mia lacht laut auf. »Ich bin mir auch nicht sicher, ob ich Bock darauf habe. Schließlich ist das olle Ding seit Jahren nicht mehr geputzt worden. Vermutlich würde ich auf dem Bett oder auf dem wackeligen Tisch mit Spinnen, Kellerasseln und anderen Kriechtieren konkurrieren.«
Thomas bleibt stehen und küsst Mia. »Für dich putze ich das ganze Haus.«
»Du meinst wohl eher für dein Vergnügen, was?« Grinsend tippt Mia ihm auf die Nase. Sie schleichen um das Haus herum und stoßen die Tür auf.

»Oha, die ist ja gar nicht verschlossen«, stellt Thomas fest. Er zückt sein Handy und schaltet die Taschenlampe an. Vorsichtig leuchtet er ins Innere der Hütte.
Plötzlich erblickt er eine Person.
Erschrocken zuckt er zurück und schiebt Mia entschlossen von der Hütte weg.
Draußen atmet er tief durch. »Was war das denn?«
»Was hast du gesehen? Ein Gespenst? Ein Gerippe?«, witzelt Mia, doch Thomas sieht fast weiß aus im Gesicht. Mia gibt ihm einen Kuss und geht zur Tür.
Sie öffnet sie und schaut mit Bedacht hinein.
»Chris? Bist du das?«
Thomas umarmt Mia von hinten und späht an ihrem Kopf vorbei ins Innere. Dann erkennt auch er die neue Mitschülerin. »Was machst du denn hier?«
Chris eilt herbei, als wollte sie etwas oder jemanden verstecken.
»Du hast dir aber eine schäbige Hütte für ein Schäferstündchen mit deinem Freund ausgesucht«, witzelt Thomas. Er lehnt sich an Mias Kopf und drückt Mia dabei eng an sich.
Chris bemerkt die Geste. »Ihr seid ein Paar?« Fast klingt sie enttäuscht.
Mia nickt lächelnd. Dann schaut sie zu Thomas hoch. »Schon seit über einem Jahr.«
»Was machst du hier?«, fragt Thomas neugierig.
Chris winkt ab. »Ich erkunde die Gegend. War neugierig, was das hier für eine Hütte ist.«
»Der alte Hammermeyer hat hier einst drin gelebt«, sagt Thomas. »Seitdem der Alte tot ist, war niemand mehr hier. Ich glaube, er hatte keine Kinder.«

»Na, dann werde ich hier sicherlich keinen Schatz entdecken.« Chris bemüht sich zu lächeln und drängt sich an Mia und Thomas vorbei nach draußen.
Mia und Thomas folgen ihr.
»Also hast du niemanden da drinnen versteckt?«, hakt Thomas nach.
Chris schnauft. »Nee, wo denkst du hin! In so einer Hütte kann doch niemand leben!«
»Komm mich doch morgen mal besuchen«, schlägt Mia vor. Ihr tut es plötzlich leid, dass Chris niemanden in Bärenklau kennt.
Chris Gesicht erhellt sich. »Gerne. Du kannst mir ja morgen in der Schule deine Adresse aufschreiben.«
»Klar.« Mia hebt den Daumen und winkt Chris zu. »Bis morgen dann!«
»Ja, ciao!«

Er, sie, es

»Hallo, wer bist du denn?«, begrüßt Mias Papa Chris.
Mia läuft zur Haustür. »Das ist Chris, Papa. Sie ist neu in meiner Klasse.« Eilig zieht sie Chris ins Haus. »Komm doch rein!«
Chris zieht sich die Schuhe aus und folgt Mia nach oben. Mias Zimmer ist ganz in Türkis gehalten.
Bewundernd schaut sich Chris um. »Das ist echt ein cooles Zimmer. Ein bisschen zu verspielt, aber es passt zu dir.«
Mia schaut sich um. »Du findest es verspielt? Naja, meine Eltern sagen immer, ein Mädchen darf auch ruhig ein Mädchenzimmer haben.« Mia winkt ab. »Bis vor ein paar Jahren war mein Zimmer ganz in Rosa angestrichen. Aber vor vier Jahren konnte ich meinen Papa überreden, die Farbe zu wechseln.« Mia springt aufs Sofa und deutet auf die Muffins. »Meine Mom hat Muffins gebacken. Greif zu! So jung werden wir nie wieder zusammenkommen.«
Chris lacht leise und nimmt sich einen Schokoladenmuffin. »Lecker! Danke!«
»Es ist bestimmt komisch für dich, plötzlich nicht mehr im großen Berlin zu wohnen, oder? Ich meine, Bärenklau ist echt klein. Hattest du viele Freunde in Berlin?«, plappert Mia drauflos. Sie nimmt sich ebenfalls einen Muffin mit Streuseln und beißt hinein. Lächelnd blickt sie zu Chris.
Chris beugt sich vor und nimmt Mia einen Kuchenkrümel von der Wange. Bevor Mia sich bedanken kann, ist der Krümel auch schon in Chris Mund verschwunden.

Vor Überraschung fällt Mia fast alles aus dem Gesicht. Das war eher eine Geste, die zu Thomas gepasst hätte.
Ob Chris doch auf Mädchen steht?
»Die Jungs sagen, du stehst auf Mädchen«, entscheidet sich Mia schließlich für einen Frontalangriff.
Chris verschluckt sich fast an ihrem Muffin.
Hustend legt sie ihn auf den Teller.
»Entschuldige! Das war sehr unhöflich von mir. Du musst auch nicht darauf antworten.« Mia errötet und macht sich im selben Moment Vorwürfe, weil sie Chris gleich so überrumpelt hat.
Als Chris sich wieder beruhigt hat, sagt sie: »Ich finde es gut, wenn du so ehrlich fragst. Die meisten Leute, denen ich begegne, gucken mich nur ganz komisch an. Ich schätze, sie denken sich ihren Teil, verurteilen mich wahrscheinlich und wenden sich schließlich von mir ab. Du bist anders. Das habe ich vom ersten Augenblick an gespürt.« Chris blickt Mia lange in die Augen.
Verwirrt pustet sich Mia eine Haarsträhne aus dem Gesicht. Sie schenkt beiden einen kalten Eistee ein. »Ich hoffe, du magst Eistee«, sagt sie, nur um irgendetwas zu sagen.
Die Stimmung ist irgendwie gekippt.
Mia spürt die Veränderung.
»Ich mag dich«, sagt Chris und nimmt Mias Hand.
Nun ist Mia noch verwirrter.
Sie entzieht Chris ihre Hand.
»Danke! Ich finde dich auch okay.« Sie lächelt verkrampft.
Baggert Chris sie etwa an?
»Du bist mir gleich ins Auge gesprungen, als ich in die Klasse kam. Ich wusste sofort, du bist ein Mädel, mit dem ich befreundet sein will«, gesteht Chris.

Mia lächelt und versucht sich zu entspannen. »Ich finde dich auch sehr sympathisch. Aber ich stehe nicht auf Mädchen und ich habe einen Freund, den ich sehr liebe.«
Chris nickt. »Um ehrlich zu sein, stehe ich nicht auf Jungs.«
Mia verschluckt sich an ihrem Eistee. »Was? Also bist du wirklich…lesbisch?« Mit großen Augen blickt sie ihren Gast an.
Chris zuckt mit den Schultern. Sie beißt in ihren Muffin und lässt ihn sich schmecken. »Kann ich ehrlich zu dir sein?«
»Klar.« Nun ist Mia gespannt wie ein Flitzebogen.
Chris räuspert sich. »Ich bin zwar biologisch gesehen ein Mädchen, aber ich fühle mich wie ein Junge.«
Fassungslos blickt Mia zu Chris. »Wie geht das denn?« Stirnrunzelnd lässt sie ihre Hände an ihrem Körper rauf und runterfahren. »Ich meine, du bist ein Mädchen. Du bekommst langsam Brüste, hast sicherlich eine… Scheide und das alles…« Mia bricht ab und atmet tief durch.
Chris lächelt gequält. »Ja. Als Christina habe ich ›das alles‹. Aber irgendwie gehört es nur äußerlich zu mir. Das bin nicht ich. Ich bin Chris, ein

Junge.«

In Mias Kopf fliegen tausend Gedanken herum, die sie krampfhaft versucht zu sortieren. Schließlich nippt sie an ihrem Eistee. »Verstehe ich das richtig, du bist eigentlich ein Mädchen, aber weil du dich wie ein Junge fühlst, stehst du auf Mädchen?«

Chris nickt. »Jo. Exakt.«

Mia lässt Luft ab. »Boah! Das muss ich erstmal verdauen.« Sie blickt an sich herunter. »Ich meine, so etwas kenne ich nicht. Ich bin als Mädchen geboren worden und ich fühle mich pudelwohl so. Ich liebe Kleider, Glitzer und tolle Klamotten. Ich erfülle total das Klischee vom klassischen Mädchen mit rosa- und lilafarbenen Sachen und ganz viel Glamour. Emma ist das krasse Gegenteil. Sie liebt alles, was blau ist.«

»Herzlichen Glückwunsch«, sagt Chris fast ein wenig sarkastisch. »Dann kannst du dem Universum danken, dass du im richtigen Körper geboren wurdest.«

Mia fallen fast die Augen aus dem Kopf. »Du meinst, du bist im falschen Körper geboren worden? Das klingt irgendwie…komisch.«

»Ja, das ist auch irgendwie komisch.« Chris zuckt mit den Schultern.

»Seit wann empfindest du so? Ich meine«, Mia rutscht auf dem Sofa nach vorne und ergreift Chris' Hände, »seit wann weißt du, dass du lieber ein Junge sein möchtest? Möchtest du doch, oder?«

Chris lächelt verschmitzt. »Touché! Du hast es erfasst. Ich möchte gerne ein Junge sein. Ich möchte so aussehen, mich so kleiden und ich möchte, ehrlich gesagt«, sie seufzt aus tiefstem Herzen, »auch einen Penis haben. Ich hasse das, was ich jeden Morgen bekleiden muss. An

manchen Tagen habe ich so schlechte Laune, dass ich mir die Augen zubinde, wenn ich mich anziehe.«
Mia lehnt sich zurück.
Das ist echt harter Tobak!
Solche Infos muss sie erst einmal verarbeiten. »Wahnsinn! Also bist du eigentlich gar nicht homosexuell.«
Chris lächelt schief. Dann schüttelt sie den Kopf. »Nein, bin ich nicht. Denn wenn ich wirklich ein Junge wäre, wäre es ja normal, dass ich Mädchen mag.«
»Ich möchte nicht mit dir tauschen«, platzt Mia heraus. Erschrocken schlägt sie sich die Hand vor den Mund. »Entschuldige! So war das nicht gemeint.«
»Schon gut«, winkt Chris ab. »Wenn ich die Wahl hätte, würde ich mir auch ein anderes Leben aussuchen.«
»Was sagen denn deine Eltern dazu?«, fragt Mia neugierig.
Chris schnauft. »Ich bin das lang ersehnte Mädel. Ich habe drei große Brüder. Die wollen nichts davon hören, dass ich ein Junge sein will.«
»Oje, die Armen! Drei Jungs und dann kommt endlich ein Mädchen, dass sie sich schon so lange gewünscht haben, und das möchte lieber ein Junge sein.« Mitleidsvoll streichelt Mia über Chris' Arm. »Ich bin dir gerne eine Freundin. Aber ich liebe Thomas und daran rüttelt niemand. Thomas gebe ich niemals auf.«
Chris nickt. »In Ordnung. Freunde!« Sie streckt ihre Hand aus und Mia schlägt ein.

***

»Endlich haben wir mal wieder Sportunterricht. Wurde auch Zeit«, tönt Linda herum.

»Nun, der Sturm hatte ja das Dach von der Sporthalle abgedeckt. Das musste verständlicherweise erst repariert werden«, wirft Amelie ein.

Linda und Amelie betreten die Mädchenumkleidekabine. Es sind schon fast alle da.

»Wo sind Mia und Emma?«, fragt Amelie verwundert.

»Die knutschen bestimmt noch mit ihren Jungs. Turnen mal anders«, witzelt Hanna.

»Was? Wir turnen heute?«, ertönt Mias Stimme von der Tür.

Amelie lacht leise. »Nee, Hanna meinte lediglich, dass ihr schon genug Sport habt und deshalb bestimmt nicht zum Unterricht kommt. Wo wart ihr?«

»Ich hatte mein Sportzeug vergessen und musste noch auf Sophie warten, die mir glücklicherweise meine Tasche vorbeibringen konnte«, gesteht Mia.

Sie blickt zur Tür. »Chris, willst du dich nicht umziehen?«

Unsicher bleibt Chris in der Tür stehen.

»Vielleicht hat sie Angst, dass wir ihr was abgucken«, sagt Linda patzig. »Dabei haben wir viel größere Brüste als sie.«

»Vielleicht ist sie doch lesbisch und traut sich deshalb nicht in die Umkleidekabine«, ruft Nils.

Einige Mädchen kreischen beim Anblick des Rotschopfs.

Amelie marschiert zur Tür. »Verschwinde, Nils! Du hast hier nichts zu suchen. Das ist eine Mädchenumkleide.«

Nils winkt ab und verschwindet.

»Was ist denn hier los?«, fragt Herr Knabe verwundert. »Gibt es Probleme?«

»Nee«, sagt Amelie. Sie will die Tür schließen, doch Chris steht noch immer unsicher auf dem Flur herum.

»Was ist los, Christina? Willst du dich nicht umziehen?«, wendet sich der Lehrer an seine Schülerin.

Chris zuckt zusammen. »Könnten Sie mich bitte ›Chris‹ nennen!«
Herr Knabe schlägt sich gegen die Stirn. »Entschuldige! Vergessen. Dabei bin ja nicht ich schwanger, sondern meine Freundin.« Er lacht verlegen.
Mia kichert. »Vielleicht sollten Sie Ihre Freundin bald mal heiraten.«
»Wir leben doch nicht mehr im Mittelalter, Mia«, widerspricht Herr Knabe. »Das hat Zeit. Wenn wir überhaupt heiraten.«
»Mädchen wollen trotzdem geheiratet werden, wenn sie ein Kind erwarten, Herr Knabe«, tönt Emma. »Wir wissen das, wir sind nämlich vom weiblichen Geschlecht. Nicht wahr, Chris?«
Chris zuckt mit den Schultern. »Keine Ahnung.«
»Du weißt nicht, ob du heiraten willst?«, witzelt Emma herum.
Chris schneidet eine Grimasse. »Doch, schon. Aber ich bin eigentlich nicht vom weiblichen Geschlecht.«
Es ist mit einem Mal mucksmäuschenstill in der Umkleidekabine.
Herr Knabe verschluckt sich vor Schreck. »Was? Was hast du da gesagt?«
Chris errötet, doch dann wiederholt sie tapfer: »Ich sagte, ich weiß nicht, wie Mädchen ticken, weil ich eigentlich ein Junge bin.«
Herr Knabe wird knallrot im Gesicht. Stotternd holt er sein Klassenbuch hervor. »Aber…aber hier steht doch ›*Christina Ebenholz*‹. Soweit ich informiert bin, ist das ein Mädchenname. Oder nicht?« Der Lehrer blickt auf. Mittlerweile stehen zehn Mädchen an der Tür zur Umkleidekabine.

»Ich meine«, sagt Herr Knabe schmunzelnd, »heutzutage kann ja jeder kommen und sein Kind ›*Apfel*‹, ›*Birne*‹ oder ›*Pumuckl*‹ nennen. Aber ich ging bisher davon aus, dass ›*Christina*‹ ein Mädchenname ist. Warum hat mir niemand gesagt, dass du ein Junge bist? Ich hätte dich jetzt glatt in die Mädchenumkleidekabine geschickt.« Herr Knabe gerät ins Stocken.
Mia drängelt sich an ihren Klassenkameradinnen vorbei und legt Chris eine Hand auf die Schulter. Sie haben vereinbart, dass Mia Chris unterstützt. »Chris ist von Geburt an ein Mädchen. Aber sie fühlt sich wie ein Junge.«
Fassungslos schaut der junge Lehrer seine beiden Schülerinnen an. »Gott, wie nennt man das noch gleich? Transgender, oder? Du bist transsexuell? So was gibt es wirklich?«
Emma lacht leise. »Herr Knabe, wo leben Sie denn? Auf dem schwangeren Mond? Natürlich gibt es Transsexualität. Sie sind aber schlecht aufgeklärt. Extra für Sie sollten wir noch mal ein Schulprojekt starten.«
Mia lächelt schweigend.
Nach ihrem Gespräch mit Chris hat sie einen Nachmittag lang alles über das Thema gegoogelt.
»Soweit ich weiß, kommen die Studierenden von ›*Mit Sicherheit verlieb*t‹ auch, um über Transidentität aufzuklären«, wirft Amelie ein.
Der Lehrer reibt sich schweigend übers Gesicht. »Gott, was mache ich denn jetzt? Das wusste ich nicht, Chris. Ich...«, er holt tief Luft, »um ehrlich zu sein, bin ich total überfordert.«
Mia klopft Herrn Knabe auf den Arm. »Herr Knabe, das ist doch überhaupt kein Problem. Sie überlassen Chris einfach Ihre Kabine zum Umziehen und in fünf Minuten starten wir mit dem Sportunterricht.«

»Okay. Aber dann haben wir gleich das nächste Problem. Heute steht Leichtathletik auf dem Plan. Wie soll ich Chris bewerten? Als Mädchen oder als Jungen?« Herr Knabe holt einen Schlüssel aus der Tasche. »Okay, Chris, du siehst mich hilflos. Aber da müssen wir jetzt durch. Ich schließe dir jetzt die Lehrerumkleidekabine auf. Ziehe dich bitte zügig um! Dann sehen wir uns gleich in der Halle.«

Chris verschwindet in der kleinen Kabine und Herr Knabe scheucht die Mädchen in die Umkleide.

»Woher wusstest du das?«, fragt Emma ihre beste Freundin leise auf dem Weg in die Halle.

Mia zuckt mit den Schultern. »Chris war vorgestern bei mir. Sie hat sich mir anvertraut.«

Emma schneidet eine Grimasse. »Irgendwie ist es komisch, wenn du Geheimnisse vor mir hast. Bisher dachte ich immer, wir können uns alles sagen.«

Mia gibt Emma einen Kuss auf die Wange und umarmt sie. »Das können wir auch. Ich bin nur noch nicht dazu gekommen, dir alles zu erzählen. Du warst entweder beim Karate-Training oder mit Matthew zusammen. Und ich war mit meinem Uhu beim Tierarzt. Zum Impfen.«

Emma lächelt wieder. »Dann haben wir keine Geheimnisse voreinander?«

Mia schüttelt den Kopf. »Niemals!«

In der Halle ruft Herr Knabe alle zusammen. »So, Jungs und Mädels, wir üben uns heute im Weitwurf. Die Jungs gehen bitte auf die rechte Seite, die Mädchen bitte nach links.«

»Herr Knabe, finden Sie das nicht ein bisschen…unpassend?«, wirft Emma ein.

Herr Knabe hält erschrocken inne. »Emma! Natürlich, entschuldigt! Also, nochmal auf Anfang: Teilt euch bitte in zwei Teams auf. Geschlechter sind egal.«
»Was soll das denn jetzt?«, wirft Thomas ein. »Warum wollen Sie die Jungs nicht mehr von den Mädchen trennen?«
»Genau, wir sind doch viel besser im Weitwurf«, stimmt Lennard zu.
Mia rollt mit den Augen. »Ihr zwei seid echte Angeber!«
Thomas grinst sie an und hebt seinen Arm, um seine Muskeln zu zeigen. »Ich dachte, du stehst darauf.«
Mia grinst nun ebenfalls. »Ich stehe nur auf sportliche Jungs. Nicht auf Angeber.«
»Gut gekontert«, lobt Nils mit erhobenem Daumen.
Herr Knabe nimmt Chris beiseite und redet kurz mit ihr. Schließlich nickt er und bittet die Klasse noch einmal um Aufmerksamkeit.
»Okay, Jungs und Mädels der Klasse 8b, ich habe noch eine wichtige Info. Natürlich muss ich mir noch das Okay von Chris' Eltern und von der Schulleitung holen, aber da wir die beiden Parteien momentan nicht griffbereit haben, vorerst ein Lösungsvorschlag…«
»Wofür?«, fragt Hannes naserümpfend.
Herr Knabe räuspert sich und legt schützend eine Hand auf Chris' Schulter. »Chris ist ein Trans*Junge.«
»Hä?«, ruft Boris. »Wollen Sie uns verarschen? Was soll das denn sein?«
»Ein Transvestit, du Penner«, antwortet Lennard.
»Quatsch, sieht Christina aus wie ein Transvestit?«, widerspricht Linda kopfschüttelnd. »Die tragen doch immer so tolle Damenkleider.«
Herr Knabe pfeift mit seiner Trillerpfeife. »Ruhe!«
Augenblicklich sind alle still.

»Ganz ehrlich, ich kenne mich damit auch nicht aus«, sagt Herr Knabe mit leichter Verzweiflung. »Aber Chris hat mir gesagt, dass sie oder vielmehr ›er‹ ein Trans*Junge ist.«

»Dann soll sie doch mal erklären, was das sein soll«, ruft Lennard. Mit verschränkten Armen steht er neben Linda, die den Daumen hebt. »Gute Idee!«

Chris blickt fragend zu Herrn Knabe, der schließlich ergeben mit den Schultern zuckt.

»Ich wurde vor vierzehn Jahren als Mädchen geboren. Ich habe drei große Brüder und meine Eltern haben sich sehnlichst ein Mädchen gewünscht«, sagt Chris, die dafür all ihren Mut zusammennehmen muss.

Mia lächelt ihr aufmunternd zu.

Thomas bemerkt den Blick und bahnt sich einen Weg zu Mia. Schweigend zieht er sie in seine Arme und gibt ihr besitzergreifend einen Kuss in den Nacken.

»Schon im Kindergarten wusste ich, dass ich lieber mit Autos und Dinosauriern spielen wollte. Ich habe Röcke und Kleider gehasst, musste sie aber tragen. Und weil meine Mutter kein Einsehen hatte, habe ich die Kleider irgendwann einfach zerschnitten.«

Einige Schüler kichern leise.

»Je älter ich wurde, umso stärker wurde das Verlangen in mir, ein Junge zu sein. Ich hasse es, als Mädchen geboren worden zu sein. Es fühlt sich falsch an. Ich bin kein Mädchen und werde es auch nie sein. Und wenn ihr mich deshalb ausgrenzt, dann kann ich damit leben.« Chris schluckt. »Aber ich kann nicht damit leben, dass ich mit ›*Christina*‹ angesprochen und auch so behandelt werde. Ich lebe lieber als geächteter Trans*Junge, als dass ich so tue, als wäre ich ein Mädchen, das auch ein Mädchen sein will.«

»Hä? Geht das auch weniger kompliziert?«, quatscht Hannes dazwischen.
Mia dreht sich genervt zu ihrem Mitschüler um. »Hannes, schalte deinen Kopf ein!« Sie löst sich aus Thomas Umarmung und geht zu Chris. Mitfühlend legt sie Chris einen Arm um die Schultern. »Ab heute behandeln wir Chris wie einen Jungen…«
»Alter, sie hat eine Scheide! Wir haben Schwänze! Glaubst du ernsthaft, sie kann mit in unsere Umkleidekabine?«, ruft Lennard empört.
Mia lächelt boshaft. »Lennard, dich sollte das doch am allerwenigsten stören. Schließlich bist du ganz wild darauf, dich zu präsentieren. Nun hast du die Gelegenheit dazu.«
Lennard winkt ab. »War ja klar, dass du Chris unterstützt, Mia. Sie wirkt wie eine von diesen Kampflesben, die man im Fernsehen sieht, nicht wie ein Junge.«
»Kampflesbe?«, hakt Mia nach.
»Ja. ›*Männliche*‹ Lesben mit Stoppelhaar und Holzfällerhemd«, führt Lennard aus.
Mia stemmt empört die Hände in die Hüften. »Spinnst du? Chris ist doch keine Lesbe! Wenn sie sich als Junge fühlt, darf sie sich auch in Mädchen verlieben.«
»Vielleicht hörst du als erstes auf, Chris mit ›sie‹ anzusprechen«, schlägt Nils ruhig vor.
Mia stutzt. Dann blickt sie zu Chris. »Soll ich ›er‹ sagen?«
Chris errötet, doch nickt tapfer. »Ja, bitte.«
»Okay, also nochmal von vorne…«, sagt Mia und holt tief Luft. »Chris fühlt sich wie ein Junge. Ich finde also, wir sollten ›ihm‹ dann auch die Chance geben, sich wie ein Junge zu benehmen.« Sie wendet den Kopf. »Entschuldi-

ge, wenn das so holprig kommt, aber es fühlt sich extrem bescheuert an, dich mit ›er‹ anzusprechen.«
Chris winkt ab. »Kein Problem. Übung macht den Meister.« Chris zwinkert Mia zu, die verschämt zurücklächelt.
Thomas rollt genervt mit den Augen.
»Prima«, ruft Herr Knabe und klatscht in die Hände. »Und nun bildet bitte zwei Teams!«
Kaum haben die Schüler zwei Teams gebildet, wendet sich Thomas an Mia. »Der Typ, oder was auch immer sie oder er ist, wird aber nicht zur Konkurrenz für mich, oder?«
Mia blickt ihren Freund an.
Schließlich ergreift sie seine Hand. »Schatz, ich liebe dich! Daran ändert auch Chris nichts. So schnell wirst du mich nicht wieder los.«
Thomas atmet erleichtert aus. »Puh, na, hoffentlich.«

Zwitter - und kein Regenwurm!

Mias Handy piept.
Neugierig holt sie es hervor und liest die Nachricht.

›*Kannst du in der Waldhütte vorbeikommen? Ich brauche etwas Hilfe. Gruß, Chris*👦‹

»Schlechte Nachrichten?«, fragt Emma besorgt.
Mia rümpft die Nase und zeigt Emma die Nachricht.
Emma bläst die Backen auf. »Warum will sie…oder er, dich in der Hütte treffen? Die Hütte ist echt abartig.«
»Finde ich auch. Soll ich trotzdem hingehen?«
»Nicht alleine. Ich komme mit!«, sagt Emma entschlossen.
Mia nickt. »Sehr gerne. Ich gehe ohnehin nicht gerne alleine in den Wald.«

›*Ich komme gleich, bringe aber Emma mit. Alleine kriegen mich keine zehn Pferde zur Hütte. Gruß, Mia*👧‹

Emma und Mia machen sich auf den Weg zur Waldhütte.
Nach einer Viertelstunde erreichen sie sie endlich.
Fröstelnd zieht sich Mia den Kragen ihrer Jacke höher.
Es regnet leicht und durch den Fußmarsch sind sie nass geworden.
Zaghaft klopfen sie an, dann betreten sie die Hütte.
Auf dem Tisch brennt eine Kerze.
Chris sitzt dort mit einer Person, die weder aussieht wie ein Mädchen, noch wie ein Junge.

Die Hütte scheint aufgeräumt zu sein. Die Spinnweben sind weg und es stehen keine alten, leeren Flaschen mehr herum.

»Hallo«, sagt Mia überrascht.

»Hallo«, erwidert Chris. »Schön, dass ihr kommen konntet. Ich hätte zwar lieber nur dich eingeweiht, Mia, aber ich denke, Emma kann schweigen.«

»Kommt ganz auf das Geheimnis an«, kontert Emma.

Chris rümpft die Nase. »Okay. Setzt euch bitte!«

Chris klopft der Person auf die Schulter. »Das ist René,

eine gute Freundin von mir aus Berlin.«

»Hallo René«, sagen Mia und Emma gleichzeitig.

»Hallo!«, sagt René schüchtern.

»René ist von zuhause weggelaufen und ich habe sie vor zwei Wochen hier in der Hütte untergebracht«, erzählt Chris.

Emma verschränkt die Arme vor der Brust. »Das ist kein gutes Geheimnis.«

Chris verzieht das Gesicht. »Ich weiß.«
»Warum bist du von zuhause abgehauen?«, will Mia wissen. Sie zittert leicht.
Chris bemerkt es und holt ihr eine Wolldecke.
Mia zögert, sie anzunehmen.
»Die Decke habe ich heute von zuhause mitgebracht. Sie ist sauber«, beruhigt Chris Mia.
Dankend nimmt Mia die Decke an.
»Ich habe mein Leben lang geglaubt, ich sei das Kind meiner Eltern…«, beginnt René zaghaft.
Mia erschrickt.
René hat eine extrem tiefe Stimme.
Auch Emma zuckt erschrocken zurück.
»Und jetzt hast du erfahren, dass es nicht so ist?«, hakt Mia nach.
René nickt. »Ich bin adoptiert worden.«
»Dann beglückwünsche ich dich zu deinen Adoptiveltern«, sagt Emma mit ernster Miene.
René runzelt die Stirn. »Wie meinst du das? Willst du mich auf den Arm nehmen?«
Emma schüttelt den Kopf. »Nein. Meistens gibt es ja Gründe, weshalb Eltern ihre Kinder zur Adoption freigeben. Und Eltern, die in der Regel keine Kinder bekommen können, freuen sich ein Loch in den Bauch, dass sie ein Kind adoptieren dürfen. Und eben solche Adoptiveltern sind oft sehr bemüht um ihre Kinder. Sie geben ihr letztes Hemd für sie.«
René schneidet eine Grimasse. »Klar. Meine Adoptiveltern sind superbemüht. Sie reißen sich alle Beine aus, um für mich da zu sein. Aber ich finde, sie hätten so ehrlich sein und mir erzählen sollen, dass ich nicht ihr leibliches Kind bin.«
»Macht das einen Unterschied?«, fragt Mia vorsichtig.

René blickt aus dem Fenster. »Für mich schon. Ich fühle mich unvollständig. Schon lange. Und das hat nichts damit zu tun, dass ich ein Zwitter bin.«

Mia verschluckt sich vor Schreck an ihrer eigenen Spucke. Emma klopft ihr beruhigend auf den Rücken.

»Du bist was?«, fragt Mia röchelnd.

Amüsiert lächelt René. »Ich bin ein Zwitter. Intergeschlechtlich, wie man auch dazu sagt.«

»Was soll das denn bitte heißen?«, will Emma wissen. »Du bist doch kein Regenwurm!«

René blickt ihr in die Augen. »Nein. Bin ich nicht. Soll ich es dir zeigen?«

Emma hebt abwehrend die Hände. »Ich bin mir nicht sicher, ob ich das sehen will. Ich dachte bisher, Zwitter gibt es nur bei Tieren.«

René winkt ab. »War auch nur ein Scherz.«

»René wurde mit zwei Geschlechtsteilen geboren«, erklärt Chris. »Aber das hat niemand bemerkt.«

Emma rümpft die Nase. »Hä? Wie geht das denn? Haben dich deine Eltern nicht gewickelt oder gebadet, als du noch klein warst?«

René lächelt. »Doch. Meine Adoptiveltern waren, wie gesagt, sehr rührend um mich besorgt. Aber damals hat niemand festgestellt, dass meine Klitoris eigentlich ein verkümmerter Penis ist.«

Mia schluckt.

Sie röchelt noch immer und hat Mühe, wieder zu ruhigem Atem zu finden. »Du hast eine Scheide…*und* einen Penis?«

»Ja.« René lehnt sich in ihrem Stuhl zurück. »Es ist erst jetzt in der Pubertät aufgefallen, weil meine Klitoris immer größer wurde.«

»Dann kann man das bei Babys gar nicht feststellen?«, will Mia wissen.

»Doch«, sagt René, »es ist sogar eher die Regel, dass man die zwei Geschlechter schon nach der Geburt bemerkt. Und dann wird ausgemessen und geprüft, welches Geschlecht am meisten ausgeprägt ist.«

»Und dann?« Emma wippt nervös mit ihrem Bein auf und ab.

»Dann wird entschieden, welches Geschlecht sie operativ entfernen«, antwortet Chris.

Emma fallen fast die Augen aus dem Kopf. »Echt? Die schneiden einfach was weg? Was ist, wenn es das falsche Geschlecht ist? Was ist, wenn der Mensch keinen Penis mehr hat, sich aber wie Chris wie ein Junge fühlt?« Emma schüttelt den Kopf. »Das finde ich abartig. Wer entscheidet denn so was?«

»Die Ärzte und die Eltern«, antwortet René schulterzuckend.

Emma verschränkt entrüstet die Arme vor der Brust. »Das finde ich unmöglich. Wo bleibt das Recht der Selbstbestimmung? Nur weil das mein Kind ist, kann ich doch nicht einfach irgendetwas entfernen lassen, in der Hoffnung, dass es richtig ist.«

»Das sehe ich auch so. Aber bisher kämpfen die Menschen, die als ›echte‹ Zwitter geboren wurden, vergeblich darum, dass diese frühe Operation im Babyalter abgeschafft wird«, erzählt René.

»Haben Zwitter denn auch innere Geschlechtsorgane von beiden Geschlechtern?«, fragt Mia neugierig. Sie hat sich bisher noch nie mit dem Thema befasst.

»Das ist unterschiedlich. Meine Frauenärztin hat herausgefunden, dass ich beides habe. Ich habe eine Gebärmutter und Hoden, die innen im Körper liegen«, antwortet René.

»Dann könntest du dich ja quasi selbst befruchten, oder?«, fragt Mia grinsend.

René lacht nicht. Fast schon verzweifelt fährt sie sich durch die Haare. »Gott, das habe ich meine Ärztin auch gefragt. Und wisst ihr, was sie gesagt hat?«

»Nein«, sagen Mia und Emma gleichzeitig.

»Sie hat verneint, aber hundertprozentig sicher war sie nicht. Aus medizinischer Sicht könnte es vielleicht funktionieren, aber sie würde mir einen Selbsttest nicht empfehlen, weil sonst beeinträchtigte Kinder entstehen könnten.« René rollt mit den Augen.

»›*Beeinträchtigt*‹?«, hakt Mia nach.

»Das sagt man jetzt so zu behinderten Menschen«, erklärt René.

»Und der Schwellkörper von deinem Penis funktioniert wirklich?«, platzt Emma heraus.

Ihre Augen werden immer größer.

Lächelnd nickt René. »Ja. Und das ist ziemlich cool.«

»Warum? Ich stelle mir das überhaupt nicht cool vor«, sagt Mia heiser. »Also, ich möchte keinen Penis haben. Ich bin ganz zufrieden, so wie ich bin.«

»Hast du es gut«, seufzt Chris.

Mia streichelt Chris' Schultern. »Tut mir leid, dass du es so schwer hast. Aber Emmas Oma würde jetzt sagen ›*Wer weiß, wofür es gut ist*‹.«

»Das versuche ich mir auch oft einzureden, aber es gibt mir trotzdem kein besseres Gefühl. Ständig dieses Versteckspiel. Sogar zuhause darf ich nicht sein, wer ich sein will«, sagt Chris traurig.

»Weil deine Eltern nicht akzeptieren können, dass du dich wie ein Junge fühlst?«, hakt Mia nach.
Chris nickt.
»René, hast du mit deinen Eltern darüber geredet, dass du…«, Emma zögert, fasst sich dann aber doch ein Herz, »dass du intergeschlechtlich bist?«
René seufzt. »Nein. Es ist mir peinlich.«
»Aber uns hast du es doch auch gesagt«, sagt Mia ungläubig, »und wir sind Fremde.«
»Manchmal ist es leichter, sich einem Fremden anzuvertrauen als den eigenen Eltern. Oder das, was sie vorgeben zu sein«, verbessert sich René.
»Wie hast du denn herausgefunden, dass du adoptiert wurdest?«, fragt Emma neugierig.
»Ich habe eine Adoptionsurkunde gefunden. Ich habe auch schon überall nach meinen richtigen Eltern gesucht, aber ich finde sie nicht«, antwortet René traurig.
»Wo hast du denn schon gesucht?«, fragt Mia.
»Überall«, sagt René seufzend. »Es ist, als wenn sie nie existiert hätten.«
»Dann solltest du vielleicht erst einmal das Gespräch mit deinen Adoptiveltern suchen«, schlägt Emma vor. »Sie wissen doch vielleicht, wer deine Eltern sind, oder?«
René zuckt mit den Schultern. »Möglich. Aber es kann auch genauso gut sein, dass sie keine Ahnung haben. Schließlich sind solche Adoptionen oft auch anonym abgelaufen.«
»Und wie können wir euch jetzt helfen?«, fragt Mia. Sie hat überhaupt keine Ahnung, was Chris nun erwartet.
»Ich versorge René mit Essen und Trinken. Geld habe ich ja genug«, sagt Chris, »aber ich weiß nicht, ob wir René noch lange hier verstecken können. Bald haben wir Herbst und dann Winter…«

Emma springt auf und hebt die Hände. »Und genau an dem Punkt bin ich raus.«
»Wieso?«, fragt Chris verwundert.
»Weil es nicht richtig ist, von zuhause wegzulaufen und seine Eltern in Angst und Schrecken zu versetzen. Sie machen sich hundertpro Sorgen um René. Und das Problem löst ihr durch Weglaufen auch nicht, oder glaubst du, René, du findest deine leiblichen Eltern, wenn du dich in dieser alten, schäbigen Hütte versteckst?«, ruft Emma entrüstet.
Mia seufzt. »Ich befürchte, Emma hat Recht. Ihr solltet lieber das Gespräch mit Renés Eltern suchen.«
»Chris, du kannst doch bei Renés Eltern anrufen und ihnen sagen, dass du weißt, wo ihre Tochter ist. Und dann bittest du sie um ein Gespräch auf neutralem Boden«, schlägt Emma vor.
Unsicher blicken sich René und Chris an.
»Ich finde den Vorschlag von Emma gut«, wirft Mia ein. »Du kannst dich nicht ewig in dieser Hütte verstecken. Und wenn du deine Probleme lösen willst, dann nicht, indem du von zuhause wegläufst. Das macht alles nur schlimmer.«
»In Ordnung. Vielleicht habt ihr Recht«, sagt René seufzend. »Rufst du meine Eltern an, Chris?«
Chris nickt. »Mach ich. Und wo treffen wir sie?«
Emma blickt sich skeptisch um. »Nicht in dieser Hütte. Vielleicht wählt ihr lieber ein Restaurant. Oder ein Café.«
»Wir treffen uns mit ihnen in der Schokoladenfabrik. Meine Eltern öffnen ihr Café zwar erst in vier Wochen, aber dort ist es jetzt schon geräumig und niemand hört uns zu«, schlägt Chris vor.
René seufzt und nickt ergeben. »Also gut, vereinbare ein Treffen mit meinen Adoptiveltern!«

***

»Könntest du bitte mitkommen?«, fleht Chris Mia an.
Mia blickt unsicher zu Thomas. Sie sieht ihm an, dass ihm das gar nicht recht ist. Daher zögert sie.
»Ich weiß, ich verlange viel von dir, aber ich schaffe das nicht ohne dich«, sagt Chris fast schon verzweifelt.
Ergeben nickt Mia. »In Ordnung. Ich komme mit.« Sie wirft einen letzten Blick auf Thomas und folgt Chris nach draußen.
Es ist Mittagspause und eigentlich hatte Thomas mit ihr, wie jeden Tag, in die Mensa gehen wollen.
Leicht nervös begleitet Mia stattdessen Chris zum Elternsprechzimmer in den zweiten Stock.
Chris' Eltern und Herr Knabe warten bereits.
»Mia, gehst du nicht Mittagessen? Was machst du hier?«, fragt Herr Knabe verwundert.
Chris legt eine Hand auf Mias Arm. »Ich habe Mia gebeten, mich zu begleiten.«
»Brauchst du Begleitschutz, Schatz?«, fragt Chris' Mutter leicht spöttisch.
»Arnika, lass sie bitte!« Bernd Ebenholz wendet sich an Mia und streckt ihr höflich lächelnd die Hand entgegen. »Wir freuen uns, dass Chris so schnell eine Freundin gefunden hat.«
Mia ergreift die Hand des Chocolatiers. »Chris ist auch sehr nett«, erwidert sie freundlich. Sie streicht sich den Rock glatt und setzt sich neben Chris auf einen Stuhl.
»Ein schöner Rock. Wo hast du ihn gekauft? Der würde Christina bestimmt auch gut stehen«, sagt Chris' Mutter begeistert.
Chris verdreht die Augen.

Herr Knabe ergreift das Wort. »Das führt uns gleich zum Thema. Herr und Frau Ebenholz, schön, dass Sie es einrichten konnten, trotz beruflichem Stress für ein kurzes Elterngespräch vorbeizuschauen.«

»Wir machen alles für unsere Kinder«, sagt Bernd Ebenholz. Er lacht leise, so dass sein runder Bauch wackelt.

»Ich hatte ja nun ein paar Tage Zeit, mich mit dem Thema ›Transidentität‹ zu beschäftigen«, beginnt Herr Knabe. »Neulich im Sportunterricht war ich doch recht überrumpelt und wusste nicht, wie ich mit der Situation umgehen sollte«, gesteht der Lehrer. Fahrig wischt er sich den Schweiß von der Stirn. Offenbar ist ihm das Gespräch recht unangenehm.

»Wie bitte?« Arnika Ebenholz mustert den Lehrer, als hätte er ihr eröffnet, dass ihre Tochter eine Außerirdische ist. »Ich verstehe nicht ganz, wovon Sie reden.«

»Dann hast du nichts vom Sportunterricht erzählt?«, wendet sich Herr Knabe an Chris.

Chris schüttelt den Kopf. »Nein. Es interessiert meine Eltern ohnehin nicht.«

Entrüstet plustert sich Bernd Ebenholz auf. »Wie kannst du so etwas sagen? Natürlich interessieren wir uns für dich. Also, was war los? Hattest du Ärger mit ein paar Jungs? Haben sie dich angegraben?«

Chris stöhnt leise. »Nein, Papa. Haben sie nicht.«

Herr Knabe räuspert sich. »Gut, dann bringen wir das peinliche Gespräch doch mal auf den Punkt. Ihre Tochter Chris…«

»Christina«, verbessert Arnika Ebenholz.

Herr Knabe lacht verschämt. »Nein, ich meinte ihre Tochter Chris möchte gerne als Junge behandelt werden, weil sie, also ich meine ›er‹ sich als Junge fühlt.«

Während Chris' Mutter die Augen verdreht, haut ihr Vater auf den Tisch. »Jetzt ist aber mal Schluss mit den Sperenzchen, Christina! Ich will davon nichts mehr hören. Du bist ein Mädchen, das hat Gott so bestimmt und basta!«
»Wenn es einen Gott gäbe, hätte er mich in den richtigen Körper gesteckt«, kontert Chris verärgert.
Chris' Mutter seufzt theatralisch. »Nun fange nicht wieder davon an. Jeder Mensch wird so geboren, wie er sein soll. Und du solltest nun einmal ein Mädchen sein.«
Mia räuspert sich und sagt mutig: »Ich persönlich glaube ja nicht an Gott. Meine Eltern haben mich nicht religiös erzogen. Aber wenn es einen Gott gäbe, könnte der sich doch auch mal irren. Ich glaube fest daran, dass er Chris in einen falschen Körper gesteckt hat. Und schließlich steht Chris nicht alleine mit dem Problem da. Es gibt nämlich mehrere Menschen, denen es genau so geht wie Chris. Das habe ich im Internet gelesen.«
»Man sollte wirklich nicht alles glauben, was man im Internet findet, Kindchen«, erwidert Chris' Mutter schnippisch.
Dankbar lächelnd ergreift Chris Mias Hand und küsst sie.
»Bist du jetzt auch noch lesbisch?«, wirft Bernd Ebenholz seiner Tochter vor.
Chris wird wieder ernst. »Papa, finde dich damit ab! Ich bin ein Junge und darum liebe ich Frauen. Und Mia ist etwas ganz Besonderes.«
Arnika Ebenholz schlägt verzweifelt die Hände vors Gesicht und fängt an zu weinen.
»Sieh nur, was du mit deiner Mutter machst! Wie kannst du uns so etwas nur antun?«, wirft Bernd Ebenholz Chris vor.
Chris verschränkt die Arme vor der Brust. »Ihr behauptet, ihr liebt eure Kinder und würdet alles für sie tun. Aber ihr

könnt euch nicht damit abfinden, dass ich anders bin. Ich bin ein Junge, ob es euch nun gefällt oder nicht.«
Bernd Ebenholz haut noch einmal mit der Faust auf den Tisch. »Das bist du nicht, verdammt nochmal! Du hast eine Scheide, eine Gebärmutter und Eierstöcke. Du bist dafür geboren worden, um als Frau zu leben und Mutter zu werden.«
Chris' Unterlippe fängt an zu zittern. »Dann liebt ihr mich also nicht so, wie ich bin?«
»Natürlich lieben wir dich!«, ruft Chris' Mutter verzweifelt aus. »Wir haben uns nach drei Söhnen so sehnlichst eine Tochter gewünscht und dem Herrgott jeden Tag dafür gedankt, dass er uns eine Tochter geschenkt hat. Und seit der Grundschule erzählst du uns, du bist ein Junge. Das macht mich ganz krank!«
»Nee, Arnika, das ist krank. Wir sollten mit Chris endlich zum Psychiater gehen. Bestimmt liegt bei ihr eine psychische Störung vor. Die können wir ihr doch austreiben lassen«, beruhigt Bernd Ebenholz seine Frau.
Herr Knabe räuspert sich. »Wenn ich dazu auch mal was sagen dürfte…«
Mia sieht Herrn Ebenholz an, dass er am liebsten ablehnen würde, aber seine Erziehung verbietet ihm das, also nickt er ergeben. »Bitte!«
»Chris scheint in der Tat ein Transjunge zu sein, ein Mädchen, welches sich im falschen Körper fühlt. Chris möchte als Junge akzeptiert werden und ich habe entschieden, ihr…« Herr Knabe verbessert sich eilig, »›*ihm*‹ auch das Recht einzugestehen. Die Schulleitung ist bereits informiert.«
»Das kommt überhaupt nicht infrage«, donnert Bernd Ebenholz los. »Das ist eine psychische Störung, die wir schnellstmöglich behandeln lassen werden. Ich habe einen

Freund in Berlin, der ist Psychiater. Dazu bekommt Chris ab sofort Hormone für Mädchen und irgendwelche Medikamente, damit dieses Theater aufhört. Und Sie werden wir anzeigen, Herr Knabe! Sie unterstützen dieses Theater auch noch!«

Erschrocken schluckt Mia den dicken Kloß in ihrem Hals herunter. Ängstlich blickt sie erst zu Herrn Knabe, dann zu Chris.

Dieser springt voller Entsetzen auf. »Seid ihr verrückt geworden? Ich nehme doch keine Medikamente für Psychos! Und ich werde auch keine Hormone schlucken und dann aussehen wie eine Frau. Wie eklig ist das denn? Ich will keine Brüste haben und diese…diese blöde Scheide will ich auch nicht. Ich will einen Penis. Ich will endlich ein Junge sein.« Tränen strömen Chris übers Gesicht. »Und wenn ihr das nicht akzeptieren könnt, dann gehe ich zum Jugendamt und lasse mir eine Adoptivfamilie zuweisen, die mich versteht.«

»Nee, nee, Fräulein! Da haben wir jawohl auch noch ein Wörtchen mitzureden. Du wirst dir keine Hilfe beim Jugendamt holen! Nur über meine Leiche! Was sollen denn die Leute denken? Ich bin ein angesehener Chocolatier!«, brüllt Bernd Ebenholz.

Chris' Mutter fängt erneut an zu schluchzen.

Herr Knabe schlägt die Hände über dem Kopf zusammen. »Herr im Himmel, sind denn alle verrückt geworden? Das ist doch keine Lösung des Problems! Wir müssen doch sehen, dass es Chris gut geht. Es geht hier doch nicht um Ihren Ruf als Fabrikant. Und auch nicht um die Behandlung einer Krankheit. Chris ist doch ein kerngesundes Mä…ein kerngesunder Junge. Ein kerngesunder Junge«, wiederholt Herr Knabe nachdrücklich.

Bernd Ebenholz erhebt sich. »Herr Knabe, Sie mögen ein guter Lehrer sein, aber von Kindern haben Sie offensichtlich keine Ahnung. Schaffen Sie sich selbst erst einmal Kinder an, dann können wir weiterreden.« Er wendet sich an seine Frau. »Komm, Arnika! Das Gespräch führt zu nichts. Wir sollten lieber darüber nachdenken, ob Christina an diese Schule gehört.«

»Wenn ihr mich von der Schule nehmt, laufe ich von zuhause weg«, droht Chris.
Erschrocken blickt seine Mutter ihn an. »Das würdest du tun? Du weißt doch gar nicht, wo du hin musst. Und dann weißt du gar nicht, wie man da draußen in dem Dschungel überlebt. Schon gar nicht als Mädchen.«
»Aaaaargh!«, schreit Chris und rauft sich die kurzen Haare. »Mama, ich bin kein Mädchen. Okay? Finde dich endlich damit ab!«
Schluchzend rennt Chris' Mutter aus dem Raum.
Den Zeigefinger drohend erhoben, sagt Bernd Ebenholz: »Christina, so redest du nicht mit deiner Mutter! Egal, ob du ein Mädchen oder ein Junge sein willst, deine Manieren solltest du niemals vergessen!« Er nickt Herrn Knabe und Mia zu und verlässt ebenfalls den Raum.

»Das ging ja dann wohl voll nach hinten los, was, Mädels? Äh, Mia und Chris«, verbessert sich Herr Knabe.
Seufzend zuckt Mia mit den Schultern. Dann nimmt sie Chris in den Arm, um ihn zu trösten. »Für mich bist du ein Junge!«, sagt sie schließlich und entlockt Chris ein zartes Lächeln.

***

Zaghaft klopft Mia an die Tür von Lisa Sorgenfrei vom Jugendamt.
»Herein!«
Mia öffnet die Tür und betritt mit Chris den Raum.
Lächelnd blickt ihnen die junge Mitarbeiterin vom Jugendamt entgegen. »Mia, was führt dich heute zu mir? Gibt es noch Probleme mit deinem Stiefvater?«
Mia schüttelt den Kopf. »Nein, nein, der hat sich jetzt länger nicht gemeldet. Ich begleite heute Chris. Sie haben doch mal gesagt, wir dürfen uns an Sie wenden, wenn wir Probleme haben.«
Lisa Sorgenfrei deutet auf die zwei Besucherstühle. »Setzt euch doch bitte! Wo drückt der Schuh?«
Mia und Chris setzen sich.
»Chris hat Probleme mit ihren, ähm, ich meine, mit seinen Eltern«, platzt Mia heraus.
Fragend zieht Lisa Sorgenfrei die Augenbrauen hoch.
»Chris ist ein Trans*Junge«, fügt Mia erklärend hinzu.
Chris räuspert sich. »Ja, genau. Ich bin als Mädchen geboren worden, aber ich spüre schon lange, dass ich ein Junge bin. Ich habe schon mehrfach versucht, mit meinen Eltern darüber zu reden, aber sie wollen mir gar nicht zuhören. Sie sagen, ich rede Blödsinn! Meine Mutter kauft mir noch immer Kleider und nennt mich Christina.«

»Verstehe!« Lisa Sorgenfrei nickt. »Welche Versuche hast du denn bisher unternommen, um deinen Eltern beizubringen, dass du dich als Junge fühlst?«

»Unendlich viele Versuche«, sagt Chris stöhnend. »Sogar Herr Knabe, unser Klassenlehrer hat versucht, mit ihnen zu reden. Aber da ich als viertes Kind nach drei Söhnen endlich ein Mädchen war, weigert sich meine Mutter, den Umstand zu akzeptieren, dass ich auch ein Junge bin. Sie will partout, dass ich ein Mädchen bleibe.«

Lisa Sorgenfrei lächelt zaghaft. »Da kann ich deine Mutter sehr gut verstehen.«

Chris will protestieren, doch Lisa Sorgenfrei hebt eine Hand. »Schließlich ist es toll, nach drei Söhnen endlich eine Tochter zu bekommen, die man sich sehnlichst gewünscht hat. Aber natürlich soll das keine Entschuldigung sein, dass deine Eltern deinen Identitätswunsch einfach ignorieren.«

»Was können wir denn jetzt tun?«, will Mia wissen. Nervös knetet sie ihren Schlüsselbund.

»Nun«, beginnt Lisa Sorgenfrei, »ich werde mit Chris' Eltern reden und mir selbst ein Bild von der Lage machen. Tatsache ist, dass das ›Nicht-trans-sein-dürfen‹ eine sogenannte ›Kindswohlgefährdung‹ ist. Und das wiederum bedeutet, dass wir als Jugendamt verpflichtet sind, einzuschreiten und dem Kind oder Jugendlichen zu helfen.«

»Was genau ist eine ›Kindswohlgefährdung‹?«, fragt Chris neugierig.

»Nun«, setzt Lisa Sorgenfrei zur Erklärung an, »jedes Kind hat das Recht auf Leben, auf körperliche Unversehrtheit, auf den Schutz seiner Menschenwürde und es sollte sich frei entfalten dürfen. Wenn Eltern ihre Kinder vernachlässigen oder ihre elterliche Sorge missbrauchen, indem sie das Kind schlecht behandeln, weil es anders ist,

dann geht es dem Kind seelisch schlecht. Hier weigern sich Chris' Eltern, die Tatsache zu akzeptieren, dass Chris ein Trans*Junge ist. Sie wollen ihr kleines Mädchen nicht verlieren und fügen Chris damit Leid zu.«
»Verstehe«, sagt Mia.
»Und wenn meine Eltern nach Ihrem Gespräch immer noch kein Einsehen haben?«, fragt Chris nach.
Lisa Sorgenfrei seufzt leise. »Das hoffe ich natürlich nicht. Aber wenn es so sein sollte, dann haben wir die Möglichkeit, dich bei Pflegeeltern oder in einer Jugend-Wohngruppe unterzubringen. Drei Ortschaften weiter ist sogar eine Jugend-Wohngruppe mit Trans*Jugendlichen, die ebenso wie du Probleme mit ihren Eltern haben.«
Chris atmet tief durch. Dann nickt sie. »In Ordnung. Ein Versuch ist es wert. Ich gebe Ihnen die Telefonnummer meiner Eltern. Dann können Sie sich einen Termin holen.«
»Gerne. Wie heißt du denn mit Nachnamen, Chris?«
»Ebenholz.«
Lisa Sorgenfrei blickt von ihrem Notizbuch auf. »Die Schokoladenhersteller?«
Chris nickt.
»Das erleichtert vielleicht die Lage…«, deutet Lisa Sorgenfrei an.
»Warum?«, fragt Chris erstaunt.
»Nun«, druckst die Mitarbeiterin vom Jugendamt herum, »sie gehören, wie ich erst in der Zeitung las, zu den besten Schokoladenherstellern der Welt und werden in Kürze die Fabrik und ihr dazugehöriges Café hier in Bärenklau eröffnen. Das weckt die Aufmerksamkeit der Öffentlichkeit. Sie werden gerade in dieser Phase keine schlechten Schlagzeilen wollen. Ein Kind, das wegen Kindswohlgefährdung in ein Heim oder eine Wohngruppe kommt,

sorgt unweigerlich für schlechte Schlagzeilen in den Zeitungen. Ich habe also die Hoffnung, dass sie mit sich reden lassen.«

Chris schreibt ihre Adresse und Telefonnummer auf einen Zettel und schiebt ihn über den Schreibtisch. »Vielen Dank, dass Sie mir helfen, Frau Sorgenfrei!«

»Gern geschehen. Dafür bin ich doch da«, entgegnet Lisa Sorgenfrei lächelnd.

Als ›Normalo‹ bist du ein ›Cis‹

»Das Eis schmeckt einfach himmlisch«, schwärmt Mia. »Genau das, was ich jetzt brauche.«
»Du hättest ja mit mir Mittagessen können, dann wärest du jetzt nicht so ausgehungert«, wirft Thomas ihr noch immer leicht schmollend vor.
Mia lächelt und gibt ihm einen dicken Kuss auf den Mund. »Schatz, das war wichtig. Chris brauchte Schützenhilfe.«
»Erzähl mir jetzt nicht, ihr Mädels müsst zusammenhalten«, knurrt Thomas.
»Das hätte ich fast, aber du hast ja Recht. Es stimmt nur biologisch, aber nicht in Wirklichkeit.« Mia schneidet eine Grimasse und stippt ihren Löffel erneut ins Schokoladeneis.
»Machen wir uns nix vor, in Wirklichkeit ist Chris ein Mädchen«, widerspricht Matthew. »Zugegeben, optisch sieht sie eher aus wie ein Junge…«
»Und er fühlt sich auch so«, verteidigt Mia Chris.
»Hallo! Bin ich Stadtgespräch?«, ertönt Chris' Stimme hinter Mia.
Mia dreht sich um. »Hi! Setz dich doch zu uns!«
Thomas verdreht die Augen. »Muss das sein?«
»Danke!«, sagt Chris und ignoriert Thomas' Einwand. »Ich hatte gehofft, dich hier zu sehen, Mia.« Chris ergreift Mias Hand und drückt sie kurz.
Thomas knurrt leise. »Du darfst auch nur bleiben, wenn du meine Freundin in Ruhe lässt. Sie gehört zu mir!«
Chris beugt sich vor. »Vielleicht darf Mia das selbst entscheiden? Vielleicht steht sie ja eher auf brünette Typen.«

Thomas beugt sich ebenfalls vor, so dass sich fast ihre Nasenspitzen berühren. »Ganz ehrlich, Chris, du bist kein Typ, auch wenn du gerne einer wärest. Und du lässt meine Freundin in Ruhe, sonst gibt's Ärger!«

Chris verzieht das Gesicht. »Eins zu null für dich. Aber wer am Ende mit Mia zusammensein wird, entscheidest nicht du, sondern Mia.«

Mia hebt eine Hand. »Chris! Stopp! Zufälligerweise liebe ich Thomas. Ich mag dich sehr. Wirklich. Aber das reicht nicht für eine Beziehung.«

»Noch nicht«, sagt Chris und zwinkert Mia zu.

Thomas schnalzt entrüstet mit der Zunge. »Leute, ich gehe! Das kann ich mir nicht weiter antun.«

Mia springt auf und hält Thomas am Handgelenk fest. »Schatz, bitte warte! Geh nicht!«

Thomas zögert. »Dann hör auf zu flirten!«

Mia umarmt Thomas und gibt ihm einen innigen Kuss. »Ich flirte nur mit dir! Ehrlich!«

Thomas ist leicht besänftigt und wirft Chris hinter Mias Rücken einen triumphierenden Blick zu.

»Wer zuletzt lacht, lacht am besten«, sagt Chris leise und erhebt sich, um sich ein Eis zu holen.

Matthew stöhnt leise auf. »Mann, Chris ist aber hartnäckig.«

»Das finde ich auch«, sagt Emma wenig begeistert. »Ich meine, es ist ja eine Sache, ein Trans*Junge zu sein, aber deshalb muss man niemandem die Freundin ausspannen.«

»Das wird Chris schon nicht«, sagt Mia zuversichtlich.

Thomas umarmt Mia fest. »Das lasse ich auch nicht zu!«

***

»Guten Morgen, liebe Schüler!«, begrüßt Herr Knabe die Klasse 8b. »Ich habe euch heute zwei Vertreter von der

›*Arbeitsgemeinschaft Lesben, Schwule, Bisexuelle, Trans und Inter der Lehrergewerkschaft GEW*‹ mitgebracht. Ich habe mich erkundigt. Leider gibt es für Lehrer kaum Material über ›*Transidentität*‹. Darum brauchen wir einen Experten. Ich konnte gleich zwei gewinnen.«
Michael meldet sich. »Was ist ›*Transidentität*‹?«
»›*Transidentität*‹ oder auch ›*Transgender*‹ bedeutet, dass sich ein Mensch dem anderen Geschlecht zugehörig fühlt. Es betrifft Menschen, die, zum Beispiel wie Chris, als Mädchen geboren werden, sich aber wie ein Junge fühlen und auch als Junge leben möchten«, erklärt Herr Knabe holprig. »Aber ich gebe hier das Wort lieber an Frau Mayer und Herrn Bardt ab. Ich bin überhaupt kein Experte auf dem Gebiet.«
Marion Mayer nickt und räuspert sich. Sie sieht äußerlich weder aus wie ein Mann, noch wie eine Frau. »Hallo, ich bin Marion Mayer. Ich bin 48 Jahre alt und fühle mich weder wie eine Frau, noch wie ein Mann. Ich bin also ›*intersexuell*‹. Ich schätze, das sieht man auch, denn niemand, der mich zum ersten Mal trifft, weiß mich einzuordnen.«
»Und Menschen ordnen andere gerne in Schubladen ein, um sich sicherer zu fühlen«, wirft Henry Bardt ein. Er hebt eine Hand. »Hallo! Ich bin Henry Bardt. Ich wurde vor 50 Jahren als Mädchen geboren und darf seit etwa zehn Jahren als Mann leben. Ich bin also ein ›*Trans*Mann*‹. Als ich in eurem Alter war, wusste ich bereits, dass ich im falschen Körper steckte. Das wiederum nennt man ›*transsexuell*‹. Das hat nichts mit Sexualität zu tun, bitte nicht missverstehen. Heute reden einige lieber von ›*transgender*‹ oder ›*transident*‹, weil ihnen weder das Wort ›*Transsexualität*‹, noch das Wort ›*Transidentität*‹ gefällt. Aber das muss jeder für sich entscheiden. Als ich

ein Kind war, war das Ganze ein absolutes Tabu-Thema und heute streitet man sich um Begriffe. Das ist total verrückt!«

»Und was bin ich als Normalo?«, will Lennard wissen. »Gibt es dafür auch ein Wort?«

»Oh ja! Menschen finden für alles einen Begriff. Jemand, der, wie die meisten Menschen, im richtigen Körper geboren wurde, heißt ›*cisgender*‹«, antwortet Marion Mayer.

Lennard hebt erstaunt die Augenbrauen. Er hat nicht damit gerechnet, dass es auch Begriffe für Menschen gibt, die kein Problem mit ihrem Geschlecht haben. »Ich bin als Normalo also ein ›*Cis*‹? Wie in der Musik?«

»So ungefähr, nur dass der Begriff hier nichts mit Musik zu tun hat«, wirft Frau Mayer ein.

»Boah, das sind aber viele Worte für ein und dieselbe Sache«, stöhnt Boris und fährt sich durch die Haare.

Herr Bardt lächelt. »Das stimmt. Ich finde diese Befindlichkeiten auch nicht gut. Die Menschen sind ja schon ganz verwirrt, weil keines der Begriffe richtig zu passen scheint und es immer wieder Leute gibt, die sich darüber beschweren.«

»Seit wann wussten Sie genau, dass Sie im falschen Körper geboren worden sind?«, fragt Chris neugierig.

»Schon im Kindergartenalter. Ich habe mich stets gegrämt, wenn es darum ging, was ich als Mädchen alles können und tun muss. Meine Mutter kaufte mir immer Kleider, die ich tragen musste. Das war früher so. Ich konnte weder mit meinen Eltern, noch mit meinen Lehrern oder Freunden damals darüber reden.«

»Das ist ja hart«, wirft Emma ein.

Henry Bardt lächelt schüchtern. »Ja, das war hart. Ich habe mich jahrzehntelang geschämt und versteckt. Da ich mich als Junge fühlte, fühlte ich mich auch zu Mädchen hingezogen, was wiederum zur Folge hatte, dass ich als homosexuell in eine Ecke gestellt wurde.«

»Warum können sich die Leute nicht einfach so leben lassen, wie sie sind?«, ruft Nils empört. Er weiß, wovon er spricht, denn er hat zwei Mütter, die lesbisch sind und einen schwulen Vater. Er lebt mit seiner Zwillingsschwester Amelie also in einer Regenbogenfamilie. Und die haben es auch oft schwer, in der Gesellschaft als ›normal‹ anerkannt zu werden.

»Das ist eine gute Frage«, sagt Henry Bardt. »Erst vor etwa fünfzehn Jahren fand ich den Mut, zu einem Arzt zu gehen, um mir männliche Hormone verschreiben zu lassen. Meine Brüste habe ich verkleinern lassen und im Laufe der Zeit wurde meine Stimme durch die Hormontherapie tiefer. Seit 1981 gibt es das ›*Transsexuellengesetz*‹. Darum durfte ich meinen Namen und mein Geschlecht offiziell ändern lassen. Aber das hat gedauert. Ich musste zu Ärzten, Sachverständigen, zur Psychotherapie, Tests durchmachen und sogar ein Gerichtsverfahren.«

»Ich wusste gar nicht, dass das so schwierig ist«, bemerkt Chris leise.

»Das ist es. Es ist teuer und beschämend. Aber leider wurde dieses Verfahren noch nicht vereinfacht«, sagt Herr Bardt traurig.

»Da wurden Sie bestimmt auch diskriminiert, oder?«, wirft Nils ein.

»Ja, aber wenn man Hilfe benötigt, kann man sich zum Beispiel an die ›*Antidiskriminierungsstelle des Bundes*‹ wenden«, sagt Herr Bardt. »Die unterstützen vor allem Trans*Menschen, die in der Schule oder im Beruf diskriminiert werden.«

»Und wie war das bei Ihnen, Frau Mayer?«, will Herr Knabe wissen.

»Das alles spielte bei mir quasi kaum eine Rolle. Ich bekam kaum Brüste und meine Stimme war schon immer sehr tief«, wirft Marion Mayer ein. »Aber mir war es, ehrlich gesagt, auch egal, ob ich eine tiefe oder hohe Stimme habe.«

»Dann sind Sie ein Zwitter?«, platzt Mia neugierig heraus.

Alle Schüler blicken erstaunt zu Mia.

Diese zuckt mit den Schultern. »Was seht ihr mich so an? Das war eine ganz natürliche Frage.«

Marion Mayer lächelt. »Das ist eine sehr gute Frage, auch wenn man das mittlerweile ›*intergeschlechtlich*‹ nennt. Ich habe mich tatsächlich mal untersuchen lassen, aber anatomisch gesehen bin ich eine Frau. Ich habe weder ein männliches Geschlechtschromosom, noch habe ich männliche Organe.«

»Ist es nicht merkwürdig, wenn man sich zu keinem Geschlecht hingezogen fühlt?«, fragt Amelie leise. »Ich meine, das muss sich doch komisch anfühlen. So, als wäre man irgendwie abgeschnitten von seinem Körper, oder? Man ist weder ein Mädchen, noch ein Junge. Ich finde das seltsam und kann mir das gar nicht vorstellen.«

Marion Mayer lächelt erneut. »Ja, so könnte man das beschreiben. Ich habe keinen Bezug zu meinem Körper. Und ich kann gut verstehen, dass du das nicht nachempfinden kannst. Niemand kann das, der nicht selbst in meiner Lage ist.«

»Dann haben Sie auch keinen Sex?«, platzt Lennard heraus.

Herr Knabe verdreht die Augen. »Lennard! Also, bitte…«

Marion Mayer winkt ab. »Das ist schon okay, Kevin. Wenn ich auf eine Frage nicht antworten möchte, sage ich Bescheid.« Sie räuspert sich. »Ich habe durchaus meine

Freundinnen gehabt, aber so wirklich Spaß am Sex habe ich nie gehabt. Das war der Tatsache geschuldet, dass ich mich mit meinem Geschlecht nicht anfreunden kann.«
»Was steht denn dann bitte in Ihrem Pass?«, fragt Nils wissbegierig.
»Eine sehr gute Frage, Nils«, lobt Herr Knabe.
»In meinem Pass ist ein ›X‹ eingetragen. Ein Zeichen für das sogenannte ›dritte Geschlecht‹«, antwortet Marion Mayer.
»Und wie nennt man Sie jetzt?«, fragt Emma mit hochrotem Kopf. »Wenn Sie nicht ›weiblich‹ oder ›männlich‹ sind, was sind Sie dann? ›Sachlich‹? Sie sind doch keine Sache.«
Marion Mayer lächelt verschmitzt. »Das ist richtig. Erst kürzlich hat das Bundesverfassungsgericht den Gesetzgeber verpflichtet, einen dritten Geschlechtsbegriff zu finden. Es soll jetzt ›divers‹ heißen.«
»Das klingt aber merkwürdig«, stellt Emma fest. »›Guten Tag, Leute, ich bin divers.‹ Klingt, als wenn man vieles ist und doch irgendwie nichts. Ein blödes Wort!«
»Ich finde das Wort auch unglücklich gewählt«, gibt Frau Mayer zu.
»Wie können Sie so bloß leben?«, platzt Lennard heraus. Herr Knabe stöhnt. »Lennard!«
Marion Mayer lächelt nicht mehr. Sie faltet ihre Hände und legt sie auf ihre Hose. »Ich war bei vielen Ärzten und Psychologen. Ich hielt mich für krank. Offiziell sagt man ja auch, ich hätte eine ›Geschlechtsidentitätsstörung‹. Aber das Phänomen, mit dem ich lebe, ist kein Krankheitsbild. Zumindest hat kein Arzt eine Störung diagnostiziert.«
»Hat Chris auch so eine ›Geschlechts-dingsbumsstörung‹?«, fragt Michael leise.

»Chris?«, hakt Marion Mayer nach.
Chris hebt eine Hand. »Das bin ich. Ich bin ein Trans*Junge.«
Überrascht zieht Marion Mayer die Augenbrauen hoch. »Was bist du für ein Glückspilz, dass du so jung bist und die Chance hast, dich in deinem Alter schon zu outen.«
»Wie ein Glückspilz fühle ich mich nicht gerade«, widerspricht Chris.
Herr Knabe nimmt etwas Kreide zur Hand und malt drei Zeichen an die Tafel.

»Das sind die Zeichen für das weibliche, das männliche und das dritte Geschlecht«, erklärt er.
»Aber, um auf deine Frage zurückzukommen, Michael, zumindest rechtlich und medizinisch wird Chris ebenfalls einer ›*Geschlechtsidentitätsstörung*‹ zugeordnet«, antwortet Herr Knabe. »Auch, wenn das abgeschafft werden soll.«
»Da bist du ja einem sehr hohen Leidensdruck ausgesetzt«, sagt Henry Bardt leise und blickt mitfühlend zu Chris. »In den Schulbüchern kam das Thema früher nie vor, und auch heute gibt es nur ganz wenig Literatur über

Transidentität. Viele Lehrer und auch Eltern haben gar keine Ahnung, wie hoch der Leidensdruck ist, dem die Betroffenen ausgesetzt sind. Euer Lehrer ist eine absolute Ausnahme, dass er so offen mit dem Thema umgeht und sich externe Hilfe holt.«

»Nun«, sagt Herr Knabe, »ich möchte Mobbing in der Klasse vermeiden. Das Thema ›*Mobbing*‹ hatten wir vor zwei Jahren schon. Damit es also keine Probleme gibt im Umgang mit Chris, habe ich mir gedacht, es hilft meinen Schülern, wenn sie ein paar Informationen aus erster Hand bekommen.«

Henry Bardt und Marion Mayer nicken schweigend.

»Warum ist es ein Problem, wenn man Transidentität als Krankheit einstuft?«, will Linda wissen.

»Ah, da will wohl jemand Ärztin werden, was?«, murmelt Boris.

Linda streckt ihm die Zunge raus.

»Nun«, antwortet Henry Bardt, »wenn man, wie bisher, sagt, dass transidente Menschen psychisch gestört sind, dann drückt man ihnen einen Stempel auf. Und egal, wie oft ich mich in der Psychiatrie behandeln lassen würde, es würde an dem Zustand nichts ändern, dass ich mich als Mann fühle. Es ist kein krankhafter Zustand, den man durch Therapien oder Medikamente behandeln lassen kann. Wenn es so wäre, würden viele sicherlich zu diesem Mittel greifen.«

»Und was ist, wenn man einem Trans*Jungen weibliche Hormone gibt und ihn gleichzeitig therapiert?«, wirft Mia in den Raum. Verstohlen blickt sie zu Chris, der ihren Blick erwidert. Chris weiß genau, dass Mia auf die Drohung seines Vaters anspielt.

Henry Bardt schüttelt den Kopf. »Genau das meine ich. Ich habe auch versucht, weibliche Hormone zu nehmen.

Aber das hat alles nur verschlimmert. Ich habe Brüste bekommen und fühlte mich dadurch nur noch unglücklicher. Ich hatte sogar überlegt, meine Stimmbänder operieren zu lassen, damit meine Stimme höher klingt.«

»Geht das denn so einfach?«, fragt Nils naserümpfend. »Ich meine, wenn sich ein Mann zur Frau umoperieren lassen will, dann schneidet der Chirurg doch etwas vom Adamsapfel weg und verkürzt die Stimmbänder, oder?«, gibt er fachmännisch zum Besten.

Erstaunt hebt Henry Bardt beide Augenbrauen. »Du kennst dich aber gut aus.«

Nils nickt mit ernster Miene. »Ich lebe mit meiner Schwester Amelie in einer Regenbogenfamilie. Unsere Mütter sind lesbisch und unsere Väter schwul. Wir haben daher sehr viele Menschen im Freundeskreis, die homosexuell oder transsexuell sind.«

»Verstehe! Toll, dass du damit so offen umgehen kannst«, lobt Henry Bardt.

Es klingelt zur Pause.

Die Doppelstunde ist um.

»Habt ihr denn noch weitere Fragen?«, ruft Herr Knabe. Doch die Schüler sind bereits damit beschäftigt, ihre Pausenbrote herauszuholen.

»Gut«, ruft Herr Knabe, »dann machen wir Pause und verabschieden uns vorher noch von Frau Mayer und Herrn Bardt.

»Auf Wiedersehen!«, sagen einige Schüler brav.

Marion Mayer und Henry Bardt nicken. »Auf Wiedersehen!«, sagen sie und verlassen gemeinsam mit Herrn Knabe das Klassenzimmer.

Sportunterricht

»So«, sagt Herr Knabe und schließt Chris die Tür zur Umkleidekabine auf. »Das ist ab heute dein Umkleideraum. Von der Schulleiterin abgesegnet.«
»Danke, Herr Knabe«, sagt Chris und schlüpft in den kleinen Raum.
»Warte, Chris! Nimm bitte den Schlüssel und schließe dann hinter dir ab, wenn du fertig bist. Wir sehen uns in der Sporthalle.«
Kurz darauf stehen die Schüler in der Turnhalle.
»So, liebe Schülerinnen und Schüler, heute wollen wir eine kleine Prüfung im Hochsprung machen. Wie ihr seht, war ich bereits fleißig und habe aufgebaut.«
»Und wie wollen sie unseren Mädchenjungen bewerten?«, platzt Lennard kichernd heraus.
Herr Knabe verdreht die Augen.
Mia stemmt sich die Hände in die Hüften. »Lennard, du bist so ein Penner! Jetzt lass doch mal Chris in Ruhe!«
»Was springst du eigentlich immer für ›er-sie-es‹ ein? Bist du in Chris verliebt?«, ärgert Lennard Mia.
Mia schnauft empört, während Thomas einen hochroten Kopf bekommt.
»Nein, bin ich nicht.«
»Bist du es wirklich nicht?«, fragt Thomas, während alle anderen zur Hochsprungmatte marschieren.
Mia stöhnt. »Nein, Thomas. Ich bin nicht in Chris verliebt. Wie oft soll ich dir das noch sagen?«
»Warum verteidigst du sie dann ständig? Oder ihn?«

Mia stemmt die Hände in die Hüften. »Thomas, irgendjemand muss ihm doch helfen, wenn ihr Jungs alle auf ihm herumhackt. Er tut mir leid.«
»Dass dir das ›ER‹ so leicht über die Lippen geht«, bemerkt Thomas. »Er hat einen Brustansatz, eine Scheide und Eierstöcke. Wie kannst du Chris da so selbstverständlich als Jungen bezeichnen? Ich tue mich schwer damit.«
»Ich finde es auch nicht einfach. Man muss sich konzentrieren. Aber dann geht es«, gibt Mia zu.
»Mia, kommst du auch?«, ruft Chris und zwinkert Mia zu.
»Siehst du! Siehst du! Das meinte ich«, erzürnt sich Thomas. »Sie oder ER flirtet mit dir. Und du lässt das einfach zu. Es geht sie oder ihn doch gar nichts an, wenn du nicht zum Hochsprung kommst.«
»Thomas, nun lass uns deshalb bitte nicht streiten! Das ist doch harmlos, was Chris macht«, kontert Mia genervt.
»Das ist überhaupt nicht harmlos. Er baggert dich an! Obwohl er weiß, dass du meine Freundin bist«, beschwert sich Thomas.
»Er sucht doch nur Anschluss«, widerspricht Mia lahm.
»Oh ja, den sucht er. Aber komischerweise nur bei dir.«
Wütend verschränkt Thomas die Arme vor der Brust.
Mia legt ihm eine Hand auf den Arm. »Schatz…«
Thomas zieht seinen Arm weg. »Lass mich in Ruhe! Ich gehe jetzt zum Hochsprung. Mal sehen, wer besser springen kann. ›*Es*‹ oder ich!«
»Thomas! Das ist unfair!«, ruft Mia ihm hinterher.
»Ist es das?« Thomas schneidet eine Grimasse und gesellt sich zu den Jungs.
Stöhnend folgt Mia ihm.
»Probleme?«, fragt Chris lächelnd.
Mia winkt ab.
Sie hat keine Lust, mit Chris darüber zu reden.

»Was macht eigentlich dein Versuch, bei Renés Eltern anzurufen?«, mischt sich Emma ein.
»Das habe ich schon erledigt. Sie kommen am nächsten Wochenende«, antwortet Chris.
»Mädels, hört auf zu quatschen«, ruft Herr Knabe. »Mia, du bist dran!«
Mia stellt sich seufzend an den Startpunkt und nimmt Anlauf. Sie läuft und springt, aber sie ist in Gedanken nur bei Thomas, der nun mit ihr herumbockt. Prompt reißt sie die Stange ab.
»Mia, das kannst du aber besser«, ruft Herr Knabe. »Das war die unterste Stufe. Was ist los mit dir?«
Mia zuckt mit den Schultern und stellt sich wieder hinten in der Schlange an.
Chris klopft ihr tröstend auf die Schulter. »Tröste dich, Mia, ich bin auch kein Hochsprungakrobat.«
»Du bist überhaupt kein Sportler!«, raunzt Thomas Chris an.
Chris zuckt zusammen. »Eifersüchtig?«
Thomas schneidet eine Grimasse. »Etwa auf dich?«
»Klar.« Chris hält seinem Blick stand.
»Ich kann jede haben«, platzt Thomas heraus.
Empört schnappt Mia nach Luft. »Was?«
»Jede? Um was wollen wir wetten, dass du nicht jede haben kannst?«, fordert Chris ihn heraus.
Thomas legt grübelnd einen Finger gegen die Lippen. »Wenn ich gewinne, lässt du die Finger von Mia.«
»Geht klar«, sagt Chris schmunzelnd.
»Thomas! Das ist jetzt nicht dein Ernst, oder? Du willst ein anderes Mädchen angraben, um Chris loszuwerden? Da wirst du jawohl eher mich los. Wie kannst du nur so eine Wette eingehen?« Wütend macht Mia auf dem Absatz kehrt und rennt aus der Halle.

»Mia, warte! Ich habe es nicht so gemeint«, ruft Thomas ihr hinterher, doch sie ist schon verschwunden.

»So wirst du sie wirklich los«, sagt Chris grinsend und rennt Mia hinterher.

»Willst du dir das etwa gefallen lassen?«, fragt Lennard erstaunt.

»Nein. Ach, Mann, ich habe mich provozieren lassen«, knurrt Thomas verärgert.

»Dann geh Mia hinterher und entschuldige dich«, sagt Emma pikiert. »Und ich knöpfe mir mal Chris vor! So geht das nicht weiter. Es ist ja eine Sache, ein Trans*Junge zu sein, aber man muss niemandem die Freundin ausspannen.«

»Chris ist verliebt«, mischt sich Nils ein. »Da macht man Dinge, die man sonst nicht machen würde. Man kämpft um die Liebe. Auch wenn das manchmal unfair ist.«

Thomas grunzt unwirsch.

»Lässt du dir von einem Mädchen sagen, was du zu tun hast?«, fragt Lennard überrascht.

Thomas ist hin und hergerissen.

»Lässt du dich etwa von Lennard in Sachen Freundschaft beraten? Oder willst du lieber auf die beste Freundin deiner Freundin hören?«, kontert Emma.

»Lasst mich einfach beide in Ruhe!« Thomas wendet sich ab und marschiert aus der Halle.

***

»Hat er die Wette nicht rückgängig gemacht?«, fragt Emma neugierig. Sie reicht Mia einen Fruchtcocktail und schwingt sich in ihren Hängesessel.

Mia schüttelt naserümpfend den Kopf. »Nee. Soweit ich weiß, gilt die Wette noch.«

Emma schneidet eine Grimasse. »Thomas wird kein anderes Mädchen anbaggern. Er liebt dich! Er ist lediglich eifersüchtig auf Chris. Vielleicht solltest du dich etwas weniger mit ihm treffen. Kein Wunder, dass Thomas eifersüchtig ist.«

»Aber ich empfinde Chris nicht als Konkurrenz für Thomas.«

»Warum triffst du dich dann so häufig mit Chris? Aus Mitleid?«, hakt Emma nach. »Chris wird ja sogar schon zur Konkurrenz für mich.«

»Quatsch! Du bist meine beste Freundin und Thomas ist der Junge, den ich liebe«, widerspricht Mia. »Chris ist für keinen von euch eine echte Konkurrenz.«

»Fühlt sich aber anders an«, widerspricht Emma. »Okay, dann frage ich dich mal anders herum. Wie würdest du es finden, wenn sich Thomas ein bis zweimal pro Woche mit Amelie oder Linda verabreden würde? Sie würden ihn in seinem Zimmer besuchen und sich stundenlang unterhalten. Oder irgendetwas anderes machen. Wer weiß das schon.« Fragend blickt Emma ihre Freundin an.

Erschrocken erwidert Mia den Blick. »Oh Gott, das wäre schrecklich! Ich wäre tierisch eifersüchtig!«

»Ach!«, sagt Emma und baumelt mit den Beinen. »Du wärest eifersüchtig? Warum das denn? Die zwei sind doch keine Konkurrenz für dich!«

»Probleme?« Oma Kassy taucht im Gewächshaus auf.

»Mia ist ein wenig uneinsichtig«, sagt Emma schulterzuckend.

»Oha! Na, dann schießt mal los, Mädels! Ich bin ganz Ohr«, sagt Oma Kassy und holt sich ein Glas Saft, um sich anschließend in einen freien Hängesessel zu pflanzen.

»Thomas ist eifersüchtig, weil ich mich so oft mit Chris treffe«, erzählt Mia fast ein wenig genervt.

»Und wer ist Chris?«, hakt Oma Kassy nach.

»Das neue Mädchen aus unserer Klasse, das lieber ein Junge sein will. Das habe ich dir doch schon erzählt, Oma! Chris ist ein Trans*Junge«, erklärt Emma.

»Das ist Chris? Verstehe!« Oma Kassy macht ein nachdenkliches Gesicht. »Aber wenn sich Chris wie ein Junge fühlt und dir, Mia, den Hof macht, dann ist es nicht fair von dir, dich mit ihm zu treffen. Schließlich zeigt er Interesse und du erwartest gleichzeitig von Thomas, dass er das akzeptiert. Andererseits willst du aber auch nicht, dass sich Thomas mit anderen Mädchen trifft, oder?«

»Nein, das will ich nicht. Aber die Treffen mit Chris haben keine Bedeutung für mich«, wirft Mia ein.

»Du sagst, es hat keine Bedeutung für dich«, überlegt Oma Kassy laut, »aber dann kannst du es auch lassen.«
»Mir tut Chris aber leid.«
»Eine Freundschaft aus Mitleid?«, fragt Emma überrascht.
»Nein, so kann man das auch nicht sehen«, widerspricht Mia. »Er ist ja auch ganz nett. Wie ein Mädchen halt. Nur, dass Chris kein Mädchen ist. Also nicht sein will.«
»Das klingt sehr kompliziert. Aber ich finde, du solltest dich in Thomas' Lage hineinversetzen, Mia«, rät Oma Kassy. »Würdest du es umgedreht auch wollen, dass Thomas sich mit einem Jungen trifft, der sich als Mädchen fühlt und ihn anbaggert?«
»Nein, natürlich nicht!«, ruft Mia erschrocken. »Ich will ihn doch nicht verlieren.«
»Siehst du! Und Thomas will dich auch nicht verlieren.«
»Oje, was soll ich jetzt tun?«, jammert Mia.
»Chris ganz klar sagen, dass ihr euch nur innerhalb der Clique treffen könnt und dich bei Thomas entschuldigen«, schlägt Emma vor.
»Gute Idee! Die hätte von mir sein können«, lobt Oma Kassy.
Seufzend rutscht Mia aus dem Hängesessel. »Okay. Dann gehe ich wohl besser mal zu Thomas und kläre das!«
»Gute Idee«, sagt Emma und grinst. »Bestelle ihm schöne Grüße!«
»Mach ich!« Mia umarmt Emma und verschwindet.

***

»Hallo Hans, ist Thomas da?«, begrüßt Mia kurz darauf Thomas' Vater.

»Hallo Mia! Nein, Thomas ist mit seiner Mutter nach Berlin gefahren. Hat er dir nichts erzählt?«, fragt Hans Wietmüller verwundert.
»Nein. Was macht er dort?«
»Er meinte, er bräuchte unbedingt neue Klamotten, um ein Mädchen zu beeindrucken«, erzählt Hans Wietmüller lachend. »Komische Ausdrucksweise, oder? Meiner Frau und mir war gleich klar, dass er dich beeindrucken will.«
Mia versucht zu lächeln. Dann will er seine Wette also tatsächlich einlösen, denkt sie erschrocken. »Gut, dann warte ich voller Neugier auf seine Rückkehr. Könntest du ihm bitte ausrichten, dass ich da war?«
»Natürlich, Mia.«
Mia winkt und macht auf dem Absatz kehrt. Kaum hat sie die Straße erreicht, fängt sie an zu weinen. Thomas braucht die neuen Klamotten, um seine Wette zu gewinnen und irgendein Mädchen herumzukriegen und nicht, um sie zu beeindrucken.

Wer braucht schon Schule!

»Christina, bitte komm an die Tafel!«, sagt Horst Pflaumkuchen, der Chemielehrer der Klasse 8b.

Chris versteift sich augenblicklich. »Würden Sie mich bitte ›*Chris*‹ nennen, Herr Pflaumkuchen!«
Der alte Chemielehrer verzieht das Gesicht. »Ich nenne grundsätzlich keinen Schüler beim Spitznamen, Christina. Auch dich nicht.«
»Das ist eigentlich kein Spitzname«, widerspricht Chris.

Der Lehrer mustert ihn streng. »Was soll das bitte sonst sein? Du heißt mit Geburtsnamen ›Christina‹. Selbstverständlich ist ›Chris‹ damit eine Abkürzung.«
»Chris ist ein Trans*Junge, Herr Pflaumkuchen«, wirft Mia mutig ein. »Und damit ist ›Chris‹ keine Abkürzung, sondern ein Jungsname.«
Der Lehrer blickt pikiert zu Mia. »Wie bitte?«
»Chris fühlt sich im falschen Körper geboren«, erklärt Emma. »Darum haben wir uns in der Klasse darauf geeinigt, dass wir ›Chris‹ statt ›Christina‹ sagen.«
»Ja, von dem Firlefanz hat Herr Knabe schon bei der letzten Lehrerkonferenz berichtet. Aber da reihe ich mich nicht ein. Christina ist ein Mädchen und damit basta. Sie ist doch noch viel zu jung, um zu wissen, was sie ist oder sein will. Das kann sich noch hundertmal ändern. Machen wir also nicht so ein Theater aus dieser Geschichte.« Der Chemielehrer winkt Chris zu sich. »Und nun bewege dich bitte an die Tafel, Christina!«
»Ich heiße Chris«, beharrt Chris und bleibt an ihrem Platz sitzen.
»Das glaube ich dir erst, wenn du mir eine Namensurkunde vorlegst, Mädchen«, sagt Herr Pflaumkuchen. »Dieses ganze Theater um Homosexualität, Transsexualität und Bisexualität ist doch krank! Die Leute haben alle Langeweile. Sie sind nicht ausgelastet. Wenn sie, wie früher im Mittelalter, schuften müssten, hätten sie gar keine Zeit darüber nachzudenken, dass sie aufs gleiche Geschlecht stehen oder sich im falschen Körper fühlen. Das sind doch alles psychisch Gestörte!«
»Was? Sie behaupten ernsthaft, ich sei krank?«, platzt Chris heraus. Er ist den Tränen nahe.
Horst Pflaumkuchen mustert Chris. »Wenn du ernsthaft behauptest, dass du in Wirklichkeit ein Junge bist, obwohl

du mit weiblichen Geschlechtsmerkmalen geboren wurdest, dann behaupte ich das, ja.«
Chris steht der Mund offen.
»Das ist jawohl ein Scherz, Herr Pflaumkuchen!«, entfährt es Emma. »Chris ist doch nicht krank. Sie können doch gar nicht wissen, wie sich Chris fühlt. Ein Gefühl ist innerlich. Niemand kann das messen oder nachweisen.«
»Oder widerlegen«, führt Mia weiter aus. »Und wenn sich solche Sturköpfe wie Sie dagegen stellen, dann wäre es kein Wunder, wenn Menschen wie Chris davon wirklich krank würden.«
»Mia Maibaum, das war eine glatte Sechs!« Der Chemielehrer macht einen Eintrag ins Klassenbuch.
»Dann tragen Sie mir auch gleich eine Sechs ein«, ruft Emma verärgert.
»Mir auch«, sagt Amelie.
»Mir auch«, meldet sich Linda zu Wort.
Horst Pflaumkuchen zieht die Augenbrauen hoch. »Was wird das hier? Ein Aufstand? Meuterei?«
Die Mädchen der Klasse verschränken die Arme vor der Brust. »Wir unterstützen uns in dieser Klassengemeinschaft und kämpfen gegen Ungerechtigkeiten«, platzt Emma heraus.
Der Lehrer lächelt höhnisch. »So, tut ihr das? Und warum helfen euch die Jungs der Klasse dann nicht?« Er blickt sich im Klassenzimmer um, als die Pausenklingel ertönt.
Gleichzeitig klopft es an die Klassenzimmertür und Herr Knabe taucht auf.
»Aaah, da kommt ja mein toleranter Kollege! Kommen Sie herein, Herr Knabe!«, ruft Herr Pflaumkuchen mit ironischem Unterton.
Verdutzt bleibt Herr Knabe im Türrahmen stehen. »Habe ich etwas verpasst?«

»Herr Pflaumkuchen hat Mia eine Sechs eingetragen, weil sie sich für Chris eingesetzt hat«, erklärt Nils.

Eine Augenbraue des Klassenlehrers wandert interessiert in die Höhe. »Und warum musste sich Mia für Chris einsetzen?«

»Christina, Herr Knabe. Die Schülerin heißt mit vollständigem Namen ›*Christina*‹«, fällt Herr Pflaumkuchen seinem Kollegen ins Wort.

»Christina?« Fragend blickt Herr Knabe sich um. »Was ist hier los? Ich hatte Ihnen doch bei der letzten Lehrerkonferenz erklärt, dass wir Chris' Wunsch respektieren und ihn als Jungen behandeln. Die Schulleitung hat meinem Antrag bereits stattgegeben und alle Lehrer und Schüler haben sich daran zu halten. Ob es Ihnen nun gefällt oder nicht.«

»Ha«, lacht Herr Pflaumkuchen auf, »sehen Sie! Und genau deshalb ist unsere Gesellschaft so krank! Da kommt irgendein Mädel daher, dass behauptet, es sei aus einer Laune heraus eben mal ein Junge und schon tanzen alle nach ihrer Nase. Aber so läuft das nicht, Herr Knabe! Christina ist ein Mädchen und wird es bis zu ihrem achtzehnten Geburtstag, wenn die Behörden bei dem Firlefanz mitmachen, auch bleiben. Und wenn sie schlau ist, bleibt sie für den Rest ihres Lebens ein Mädchen.« Er räuspert sich. »Und im Übrigen habe ich auch Christina eine Sechs eingetragen. Schließlich hat sie die Arbeit an der Tafel verweigert, nur weil ich sie nicht beim Spitznamen genannt habe.«

»Herr Pflaumkuchen, finden Sie das nicht ein bisschen engstirnig?«, versucht Herr Knabe einzulenken.

»Engstirnig? Nein. Ich finde, Sie sind viel zu tolerant. Als nächstes sollen wir noch Jungs besser benoten, weil sie homosexuell sind?« Herr Pflaumkuchen lacht laut auf.

»Das ist absolut unsachlich, Herr Kollege«, knurrt Herr Knabe. »Auf dieser Basis beende ich das Gespräch lieber.«
»Ganz ehrlich, Herr Knabe, solange Sie dieses Affentheater unterstützen, brauchen wir uns gar nicht mehr unterhalten«, sagt Herr Pflaumkuchen.
»Dann nehmen Sie die Einträge ins Klassenbuch nicht zurück?«, hakt Herr Knabe nach.
»Nein, natürlich nicht. Ich sehe keinen Grund, weshalb ich das tun sollte. Ihre Schülerinnen sind allesamt aufmüpfig im Gegensatz zu den Jungen«, sagt Herr Pflaumkuchen und rauscht aus dem Klassenzimmer.
Voller Empörung fangen die Schüler augenblicklich an zu schimpfen.
»Und ihr habt uns nicht einmal verteidigt«, ruft Emma empört an die Jungs gerichtet. Sie stemmt beide Hände in die Hüften und blickt sich im Raum um.
»Glaubst du, wir wollen für ›*ihn, sie oder es*‹ einen Eintrag ins Klassenbuch riskieren? Christina ist ein Mädchen, kein Junge. Ich sehe das genauso wie Herr Pflaumkuchen«, sagt Lennard verärgert.
»So jung und schon so spießig«, sagt Mia verwundert.
Lennard zuckt mit den Schultern. »Nur weil sich Christina wie ein Junge fühlt, ist sie noch lange kein Junge. Und solange sie kein Junge ist, muss ich sie auch nicht wie einen behandeln. Sie hat nun einmal keinen Penis. Und darum ist sie ein Mädchen.« Damit dreht sich Lennard um, schnappt sich seine Brotbox und verschwindet in den Flur.
Fassungslos starren die Mädchen und Herr Knabe ihm hinterher.

***

Immer wieder blickt Mia zur Tür.
Hat Thomas ihre Einladung zur großen Versöhnung nicht bekommen? Hat er keine Zeit?
Oder will er sich nicht mit ihr vertragen?
Sie hatte ihm einen Brief in den Briefkasten geworfen und ihn gebeten, um 15 Uhr zu kommen. Nun war es bereits 15.30 Uhr und von Thomas war weit und breit nichts zu sehen.

Endlich klingelt es.
Erleichtert springt Mia vom Sofa auf und läuft freudestrahlend zur Haustür. Sie will ihrem Besuch gerade in die Arme fliegen, als sie sieht, dass nicht Thomas, sondern ihre Mutter mit einem fremden Mann vor der Tür steht.
Der Mann hat braune Haare und freundliche blaue Augen. Er sieht sehr attraktiv aus.
Mias Lächeln macht einem überraschten Gesichtsausdruck Platz. »Mama! Was machst du denn hier?«
»Wir wollten dich überraschen, Schatz«, sagt Mias Mutter und breitet die Arme aus.
Mia umarmt ihre Mutter und reicht dem Mann die Hand.
»Das ist Mike Hansen, mein Mann«, stellt Mias Mutter ihn vor. »Ich heiße jetzt übrigens Linda Hansen und nicht mehr Linda Baumgart.«
»Hallo Mia«, sagt Mike mit einer angenehmen Stimme, »ich freue mich, dich kennenzulernen.«
Mia lächelt. »Ich freue mich auch, Sie…«
Mike winkt ab. »Sag bitte ›*Du*‹ zu mir. Schließlich bin ich quasi dein Stiefvater.«
»…dich kennenzulernen«, vollendet Mia ihren Satz. »Möchtet ihr hereinkommen?«

Mias Mutter zögert. »Wir haben deinem Vater nicht Bescheid gesagt und ich weiß, wie sehr er unangemeldeten Besuch hasst. Was hältst du davon, wenn wir nach Berlin fahren und etwas gemeinsam essen gehen?«
Mia denkt kurz nach.
Thomas lässt sich nicht blicken. Wenn sie bleiben würde, würde sie permanent auf die Uhr blicken und darüber nachdenken, weshalb er nicht kommt.
»Ich würde gerne mitkommen. Ich frage schnell Papa, ob er etwas dagegen hat.« Mia schließt die Tür und flitzt ins Wohnzimmer.
»Wer ist an der Tür, Mia?«, fragt Tom Maibaum.
»Mama und Mike«, antwortet Mia leise. Sie wartet bereits auf den ersten Gefühlsausbruch ihres Vaters, doch der bleibt aus. »Aha!«, ist alles, was er sagt.
»Mama hat vorgeschlagen, dass ich mit ihnen nach Berlin fahre und wir dort etwas essen gehen«, berichtet Mia.
Fragend blickt Mias Papa sie an. »Und?«
»Darf ich?« Mia lächelt charmant.
Mias Papa verdreht die Augen, doch Sophie ist schneller mit ihrer Antwort. »Ich finde die Idee sehr gut. Dann könnt ihr auch gleich auf neutralem Boden etwas beschnuppern.«
»Findest du?«, wirft Mias Papa in den Raum.
»Ja. Mike wird Mia schon nicht gleich nach Südafrika verschleppen«, feixt Sophie.
»Das wäre jawohl noch schöner«, brummt Mias Papa. Doch schließlich winkt er ab. »Dann geh schon! Viel Spaß und friss ihm bitte die Haare vom Kopf!«
Mia kichert leise. Sie ist wirklich eine gute Esserin. Es dürfte für sie also kein Problem sein, viel zu essen.
»Ey, ey, Sir!«

Sie läuft in den Flur zurück und zieht sich eilig etwas über. Dann verlässt sie das Haus. »Es geht klar. Ich darf mitfahren.«

»Prima«, sagt Mike und lächelt ein umwerfendes Zahnpasta-Werbelächeln. Sie gehen zu einem Mietwagen und fahren durch den Ort zur Landstraße, die nach Berlin führt. Unterwegs sehen sie eine Gruppe von Fußballern. Mia blickt neugierig aus dem Fenster, bis sie Thomas erkennt.

Er trägt ein Trikot und spielt Fußball.

Er scheint ein Punktspiel zu haben, was allerdings kein Grund ist, ihr nicht abzusagen. Seit drei Tagen meldet er sich schon nicht mehr bei ihr.

Seufzend lehnt sie sich auf der Rückbank zurück und versucht, an etwas anderes zu denken.

»Wie läuft es mit Thomas?«, fragt ihre Mutter ausgerechnet.

Mia verdreht innerlich die Augen. »Gut«, sagt sie. Sie hat keine Lust über ihre Probleme mit Thomas zu reden.

»Und in der Schule?«, bohrt ihre Mutter weiter. »Ist da auch alles in Ordnung?«

»Ja, alles bestens. Ich habe ein bisschen mehr zu lernen jetzt in der achten Klasse. Aber das kriege ich hin.«

Das Gespräch bricht ab und Mia schaut weiter aus dem Fenster.
Nach einer halben Stunde erreichen sie die Berliner Innenstadt. Sie parken vor einer kleinen Chocolaterie. »Oh seht mal! Da kann man Schokolade kaufen! Das ist bestimmt die Chocolaterie von Chris' Eltern«, ruft Mia überrascht.
»Isst du gerne Schokolade?«, fragt Mike freundlich.
Mia nickt. »Ich liebe Schokolade. Und die von Chris' Eltern ist besonders gut.«
»Ist das ein Junge aus deiner Klasse?«, fragt Mike weiter.
Mia zögert mit der Antwort. »Ja und nein.«
Verwirrt zieht Mike die Augenbrauen hoch. »Wie soll ich das bitte verstehen?«
Mia denkt kurz nach. Dann sagt sie: »Eigentlich ist Chris ein Mädchen und heißt Christina. Aber sie will kein Mädchen sein. Sie fühlt sich wie ein Junge. Darum sagen wir alle Chris.«
»Ihr habt einen Trans*Jungen in der Klasse?«, fragt Mias Mutter überrascht.
»Ja«, entgegnet Mia lächelnd. »Du kennst dich damit aus?«
Ihre Mutter zuckt mit den Schultern. »Nun, ich arbeite in einer Organisation, die sich mit Menschen beschäftigt und sie unterstützt, die homosexuell oder transsexuell sind.«
»Echt? Das wusste ich ja gar nicht«, sagt Mia überrascht.
Mias Mutter lächelt. »Wir haben einige Kinder, die bereits mit vier Jahren angefangen haben, sich als Mädchen einen Jungsnamen zu geben. Oder Jungs, die mit zwölf Jahren in der Pubertät plötzlich festgestellt haben, dass sie sich als Mädchen wohler fühlen. Ich betreue eine Gruppe von Trans*Jugendlichen.«

»Und was können diese Kinder und Jugendlichen dagegen machen?«, fragt Mia neugierig.

»Man kann gar nichts gegen Transidentität machen«, bedauert Mias Mutter, »man kann die Betroffenen nur unterstützen mit Gesprächstherapien und Hormonbehandlungen.«

Mia wird hellhörig. »Hormonbehandlungen? Was bedeutet das?«

Sie setzen sich in ein italienisches Restaurant und bestellen die Getränke.

»Wenn die Kinder sich ihren Eltern rechtzeitig anvertrauen, haben sie die Möglichkeit, nicht erst die Pubertät mitmachen zu müssen und können durch eine Hormonbehandlung verhindern, dass sie als Mädchen Brüste bekommen oder als Jungen einen Bartwuchs«, erklärt Mias Mutter. »Das können dann zunächst einmal sogenannte ›*Pubertätsblocker*‹ sein.«

Mia runzelt die Stirn. »Und woher bekommen die Jugendlichen diese Hormone?«

»Die verschreibt ein Arzt«, sagt Mike. »Ich bin Arzt und behandele in unserer Klinik vor allem Jugendliche mit Transgenderproblemen.«

»So haben wir uns kennengelernt«, sagt Mias Mutter lächelnd.

Staunend betrachtet Mia Mike. Sie kann verstehen, weshalb sich ihre Mutter in ihn verliebt hat. Er ist sehr attraktiv und die Tatsache, dass er Arzt ist, macht ihn irgendwie interessanter. »Müssen die Eltern zustimmen, wenn die Kinder Hormone haben wollen?«, will sie wissen.

»Eigentlich schon. Aber wir haben auch Fälle, bei denen die Eltern ihre Zustimmung verweigern«, sagt Mike.

»Und dann?«, will Mia wissen.

»Das interessiert dich aber genau«, sagt Mike schmunzelnd. »Betrifft es dich selbst oder den Trans*Jungen in deiner Klasse?«

»Es betrifft Chris. Die Eltern wollen nichts davon wissen, dass er sich wie ein Junge fühlt«, erzählt Mia. »Chris' Eltern sind sogar ganz furchtbar wütend, weil Chris sich weigert, als Mädchen zu leben.«

»Eltern, die bei diesem Thema wütend werden, haben oft noch größere Angst vor der Veränderung oder der Sache selbst, als die betroffenen Kinder«, sagt Mias Mutter. »Darum werden sie auch so wütend und verweigern ihre Unterstützung. Aber dadurch verlieren sie ihre Kinder nur, weil der Leidensdruck enorm groß ist für ihre Kinder. Es gibt auch Jugendliche, die sich völlig abkapseln, niemanden mehr sehen wollen, depressiv werden und sich sogar umbringen. Es ist keine Lösung, sich dagegen zu versperren«, meint Mias Mutter.

Mia nickt. »Ja, das verstehe ich. Und sollte man nicht meinen, dass die Eltern dafür da sind, ihre Kinder zu unterstützen und sie so zu akzeptieren, wie sie sind?«

»Ja, auch wenn das für viele Eltern ein gebrochenes Herz bedeutet. Ich habe einige Eltern kennengelernt, die viele Tränen vergossen haben, weil aus ihrem Mädchen nach zwölf Jahren plötzlich ein Junge wurde. Sie sagen, sie hätten ihr Kind verloren, denn das Mädchen gibt es nicht mehr. Da steht plötzlich ein Junge.« Mias Mutter bestellt Pizza für alle.

»Chris' Eltern sträuben sich beide dagegen.«

»Wie alt ist Chris denn?«, will Mike wissen.

»Fast Fünfzehn.«

»Dann könnte er rein theoretisch mit einer Hormonbehandlung anfangen«, sagt Mike.

»Und wer bezahlt die?«, fragt Mia.

»In Deutschland kommt die Krankenkasse dafür auf«, sagt Mias Mutter.
»Dann sollte ich Chris einen Tipp geben. Er könnte doch auch alleine zum Arzt gehen, oder nicht?«
»Ja, das kann er«, bestätigt Mike.
»Ich betreue momentan einen achtjährigen Jungen, der sich bereits mit vier Jahren einen Mädchennamen verpasst hat. Keiner darf sie mehr mit dem Jungsnamen rufen«, erzählt Mias Mutter, »und sämtliche Fotos von früher, auf denen sie aussieht wie ein Junge, mussten vernichtet werden. Sie kam letztes Jahr zur Schule und wurde als Mädchen eingeschult. Die Eltern und die Schule sind zum Glück sehr verständnisvoll.«
»Das stelle ich mir sehr schwierig vor«, sagt Mia nachdenklich. »Vier Jahre ist wirklich jung! Da sind die Kinder noch so klein und schutzbedürftig. Sind die Mitschüler denn nett zu dem Trans*Mädchen?«
Mias Mutter nickt lächelnd. »Ja. Ich habe die Familie begleitet. Tini wurde der Klasse als Mädchen vorgestellt. Dabei wurde den anderen Kindern erklärt, dass Tini in einem Jungskörper geboren wurde, aber ein Mädchen ist. Beim Sportunterricht zieht sie sich bei den Mädchen um. Beim Schwimmen bekommt sie eine Einzelkabine.«
»Bei uns in der Klasse akzeptieren auch nicht alle, dass Chris kein Mädchen sein will«, sagt Mia.
»Ich glaube, das Problem ist nicht, dass sie es nicht wollen«, gibt Mike zu bedenken, »das Problem ist, dass sie Junge oder Mädchen *sind*, auch wenn ihr Körper das Gegenteil darstellt.«
»Wie meinst du das?«, hakt Mia nach.
»Nun«, sagt Mike lächelnd, »ein Mädchen in einem Jungskörper ›ist‹ ein Mädchen. Es würde nie auf die Idee

kommen und sagen, sie ›*fühlt*‹ sich wie ein Mädchen. Und bei Jungs ist es genau so.«
»Ist das nicht ein bisschen kleinlich? Hier geht es doch nur um sprachliche Kleinigkeiten, oder?«, fragt Mia verwirrt.
Mike trinkt etwas Mineralwasser. »Ja, vielleicht. Aber darauf legen transidente Menschen sehr viel Wert.«
Die Bedienung bringt riesige Pizzaräder.
»Mmh, die sehen aber gut aus«, sagt Mia und leckt sich hungrig über die Lippen.
»Wir sind noch ein paar Tage hier in Deutschland. Wenn du willst, reden wir mal mit Chris und klären ihn darüber auf, welche Möglichkeiten er jetzt in der Pubertät hat, um seinen Zustand erträglicher zu machen«, schlägt Mike vor.
Mia strahlt. »Echt? Das würdet ihr tun?«
»Natürlich«, sagt Mike lächelnd.
»Ich glaube, ich finde dich doch nicht so übel, wie ich anfangs dachte«, platzt Mia heraus.
Mike lacht erschrocken. »Was? Du hast wohl gedacht, ich bin ein Monster, was?«
»Nee, so schlimm nicht. Aber ich fand es schon komisch, dass ihr mich einfach nach Südafrika holen wolltet, ohne mich zu fragen«, gibt Mia zu.
»Vielleicht möchtest du uns dort ja mal besuchen kommen?«, fragt Mike fast ein wenig schüchtern.
Mia denkt darüber nach. »Ja. Warum eigentlich nicht. In den nächsten Ferien hätte ich Zeit.«
»Prima, wir freuen uns«, sagt Mike und drückt die Hand von Mias Mutter, die Mia glücklich anlächelt.

Mit Sicherheit verliebt

»Ich finde es unmöglich von dir, dass du nicht einmal abgesagt hast! Ich habe die ganze Zeit auf dich gewartet, während du seelenruhig auf dem Sportplatz Fußball gespielt hast«, schimpft Mia am nächsten Tag in der Schule.
Thomas zuckt mit den Schultern. »Na und? Ich bin nicht dein Eigentum. Ich muss nicht nach deiner Pfeife tanzen.«
»Das sage ich doch auch nicht«, verteidigt sich Mia. »Aber wenn man eingeladen wird, kann man sich zumindest melden und absagen.«
»Ich hatte eben keine Lust.« Bockig verschränkt Thomas die Arme vor der Brust.
»Wieso benimmst du dich so hässlich? Ich erkenne dich gar nicht wieder. Willst du, dass wir Schluss machen?« Ängstlich hält Mia den Atem an, während Thomas erschrocken zusammenzuckt. »Was? Schluss machen? Du willst mit mir Schluss machen?«
Mia verdreht genervt die Augen. »Das habe ich nicht gesagt. Aber du machst es mir momentan nicht leicht, dich zu mögen.«
»Dann geh doch zu Chris! Der liebt dich schließlich.«
»Thomas! Du benimmst dich wie ein dreijähriges Kind. Ich liebe Chris nicht. Ich liebe dich«, sagt Mia fast ein wenig traurig.
Es klingelt zum Unterricht.
»Hast du ein Glück, dass du nicht mehr antworten musst«, schmollt Mia.
Thomas macht auf dem Absatz kehrt und geht in die Klasse.
Verletzt blickt Mia ihm hinterher.

***

»Guten Morgen«, sagt Herr Knabe gut gelaunt.

»Guten Morgen«, antwortet die Klasse.

»Sie sind aber gut gelaunt heute am Montagmorgen«, knurrt Lennard.

Herr Knabe winkt zwei Studierende ins Klassenzimmer. »Ich habe euch heute noch mal zwei Studierende vom Projekt ›Mit Sicherheit verliebt‹ mitgebracht, weil wir ein bisschen Aufklärung in punkto ›Transgender‹ und ›Transidentität‹ benötigen.«

Erstaunt blicken die Schüler die beiden Besucher an.

»Euch kennen wir doch!«, ruft Boris.

»Ja, genau. Hallo!« Die junge Medizinstudierende mit den schulterlangen, braunen Locken lächelt. »Ich bin Hannah, falls ihr euch an mich erinnert. Ich war mit meinen Kollegen letztes Schuljahr bei euch zum Thema ›Sexualaufklärung‹.«

»Genau. Und wenn ihr euch noch an mich erinnern könnt, wisst ihr, dass ich Nino bin«, sagt der junge Mann mit den kurzen blonden Haaren.

»Ich habe mir heute Unterstützung vom Studentenprojekt ›Mit Sicherheit verliebt‹ geholt«, sagt Herr Knabe. »Ich habe null Erfahrung mit transidenten Menschen und brauche dringend Hilfe.«

»Sie wollten doch bloß wieder einen Vormittag frei haben«, witzelt Boris.

Herr Knabe lacht. »Du hast es erfasst, Boris! Allerdings wird das Projekt heute nicht ganz so lange dauern. Aber ich mache jetzt mal eine Stunde lang Frühstück im Lehrerzimmer. Falls ihr mich braucht, kommt doch vorbei.«

»Moment mal«, wirft Emma ein, »Herr Knabe, Sie sagten doch gerade, dass Sie sich nicht so gut mit dem Thema ›Transgender‹ auskennen. Sie können nicht abhauen!«

Herr Knabe grinst. »Du hast Recht, Emma. Ich wollte euch nur testen. Natürlich bleibe ich hier. Das ist so mit unseren beiden Projektleitern abgesprochen.« Herr Knabe springt auf das Lehrerpult und lässt die Beine baumeln.

Michael meldet sich. »Wenn ihr Medizinstudierende seid, dann seid ihr doch bald Ärzte, oder?«

Nino nickt. »So ist es.«

»Ist Chris psychisch gestört, weil er glaubt, dass er ein Junge ist? Ich meine, wenn ich als Mädchen geboren werde, dann sehe ich auch aus wie ein Mädchen und habe ihr Geschlechtsteil. Wie kann es dann sein, dass Chris denkt, sie oder er ist ein Junge?«, will Michael wissen.

»Chris ist doch kein Psycho!«, empört sich Mia.

»Wer sagt das, Mia? Bist du Expertin?«, wirft Lennard ein.

»Nun«, sagt Nino und räuspert sich. »Der Begriff ›Transgender‹ ist eine Alternative zu dem medizinischen Begriff ›Geschlechtsidentitätsstörung‹. Durch dieses Wort erhält man natürlich schnell den Eindruck, dass es sich bei Trans*Menschen um eine Krankheit handelt.«

»Die Weltgesundheitsorganisation WHO hat Transsexualität als ›psychische Krankheit‹ diagnostiziert, was aber vielen Menschen aufstößt, auch uns Medizinern«, wirft Hannah ein. »Ich persönlich glaube ja, dass wir uns nur so schwer tun mit dem Thema, weil wir die Gesellschaft in ›Mann‹ und ›Frau‹ einteilen. Für viele von uns ist es nicht nachvollziehbar, wie sich ein Mensch nicht mit seinem Geburtsgeschlecht identifizieren kann oder zwischen ›Mann‹ und ›Frau‹ wechseln möchte. Denn nicht jeder,

der als Trans*Mensch lebt, möchte sich auch gleich umoperieren lassen.«
»Nicht?«, fragt Thomas erstaunt. »Ich dachte, wenn man sich als Junge fühlt, möchte man auch in den vollen Genuss eines Jungen kommen.«
Einige in der Klasse lachen leise.
Nino räuspert sich. »Die Operation birgt auch gewisse Gefahren in sich und ist sehr kompliziert, denn um aus einer Frau einen Mann zu machen, muss man Haut aus dem Unterarm oder Oberschenkel entfernen, um daraus einen Penis zu formen, der mithilfe einer Pumpe den Schwellkörper aufpustet. Also ganz so einfach ist es nicht, eine Operation am Geschlechtsteil vorzunehmen.«
»Funktioniert denn dann der Sex überhaupt noch?«, will Thomas wissen.
Nino nickt. »Ja, aber ob es noch Spaß macht, kann ich nicht sagen. Hier fehlt mir die Erfahrung.«
»Und so eine Operation kann auch mal schiefgehen«, wirft Hannah ein, »wenn der Körper den ›neu gebastelten‹ Penis abstößt.«
»Na, Chris, wie sieht es aus?«, platzt Lennard heraus.
»Halt die Klappe, Lennard«, ruft Emma verärgert. »Das geht niemanden etwas an. Das ist ganz alleine Chris' Privatsache.«
»Danke, Emma«, sagt Herr Knabe, »das hätte ich nicht besser formulieren können.«
»Ich würde mir wünschen, ihr könntet eure blöden Kommentare bleiben lassen. Macht doch nicht so ein Drama aus der Sache«, sagt Chris wütend. »Ich bin ein Junge. Basta. Der Rest kann euch doch total egal sein.«
»Naja, einen kleinen Unterschied gibt es schon noch«, feixt Boris.

»Der dir egal sein kann, Boris«, fährt Mia ihren Klassenkameraden an. »Oder möchtest du Sex mit Chris haben und vermisst einen Penis?«
»Quatsch, Mann!«, ruft Boris verärgert.
»Aber wir sind doch jetzt in einem Alter, wo man in die Pubertät kommt. Und wenn Chris eigentlich von Natur aus ein Mädchen ist, dann wird er doch jetzt Brüste bekommen und seine Regelblutung«, wirft Linda ein.
»Das stimmt. Und genau hier muss man ansetzen und sich professionelle Hilfe holen«, sagt Hannah. »Trans*Menschen können sich oft nicht mit ihrem Körper identifizieren. Daraus entsteht ein großer Leidensdruck. Und hieraus schlussfolgert ein Arzt, dass der Patient behandelt werden darf und die Krankenkasse die Kosten dafür übernimmt. Man kann Trans*Jugendlichen zum Beispiel Hormonblocker geben, damit die Pubertät nicht, wie von der Natur für diesen Körper vorgesehen, ablaufen kann.«
»Diese Pubertätsblocker«, wirft Nino ein, »sollte man aber nicht länger als zwei Jahre nehmen. Sie bieten sich vor allem dann an, wenn sich ein Jugendlicher unsicher ist, ob er tatsächlich eine geschlechtliche Veränderung, also eine sogenannte ›*Transition*‹ durchmachen möchte.«
»Dann kann Chris Hormone schlucken und bekommt dadurch einen Penis?«, platzt Michael verwundert heraus.
Die Schüler in der Klasse stöhnen.
»Nein«, sagt Nino mit ernster Miene, »durch die Hormone bekommt ein Trans*Junge Bartwuchs, einen Stimmbruch und die Figur eines Mannes. Das Geschlechtsteil bleibt davon unberührt.«
»Verstehe.« Michael nickt und sinkt schweigend auf seinen Stuhl zurück.
»Aber gibt es nicht so was wie Ersatzpenisse?«, wirft Nils ein.

»Ja. Es gibt viele Möglichkeiten, um den Umstand, dass ein Trans*Junge keinen echten Penis hat, zu überspielen. Man kann sich ein Paar Socken in die Unterhose stopfen oder auch einen Packer«, erklärt Nino.
»Was ist denn ein ›*Packer*‹?«, will Linda wissen.
»Das ist eine Penisattrappe«, antwortet Nino. »Es gibt inzwischen auch hochwertige handgefertigte Silikonpenisse, sogenannte ›*Epithesen*‹, die man an den Körper ankleben kann. Hier werden die Kosten sogar manchmal von den Krankenkassen übernommen.«
»So ein ›*Epi-Dingsbums*‹ klingt doch besser als ein Paar Socken«, platzt Matthew heraus. »Ich meine, wer will schon, dass sein Prachtstück beim Laufen verrutscht?«
»Das ist richtig«, sagt Nino lächelnd. »Das ist dann eher peinlich.«
»Und was ist mit den Brüsten, die ein Trans*Junge bekommt, weil er ja eigentlich ein Mädchen ist?«, fragt Amelie neugierig.
»Es gibt für Trans*Jungen die Möglichkeit, mit einem Binder, also einem Kompressionsshirt, Brüste abzubinden, falls diese schon vorhanden sind. Umgekehrt gibt es für Trans*Mädchen Silikonbrüste oder Pushup-BHs mit Gelkissen, um die Brüste größer zu machen.«
Mia meldet sich. »Können Trans*Menschen denn Sex haben?«
Einige Jungs johlen leise auf, während Thomas wütend die Arme verschränkt.
»Ich rede ja nicht von mir«, verteidigt sich Mia.
»Das will ich auch hoffen«, platzt Thomas heraus.
Herr Knabe hebt abwehrend die Hände. »Jungs, Mädels, Ruhe! Ich finde, das ist eine wichtige Frage, die Mia gestellt hat.«

Hannah nickt lächelnd. »Natürlich. Sex können alle Menschen haben, selbst intergeschlechtliche Menschen, umgangssprachlich wurden sie früher als Zwitter betitelt, oder Menschen, die sich keinem Geschlecht zugehörig fühlen. Es gibt ja auch homosexuelle Menschen, die mit ihrem Partner Sex haben können, obwohl beide dasselbe Geschlecht haben. Egal, in welchem Körper man steckt, Sex ist quasi immer möglich.«

»Genau. Beim Sex können sich Trans*Jungen mithilfe eines Gurtes, einen sogenannten ›Harness‹, einen Dildo vorschnallen, mit dem man in die Vagina der Partnerin eindringen kann. Diese Kombination nennt man übrigens ›Strap-On‹«, fügt Nino hinzu.

»Und wie nennt man Sex von Trans*Menschen?«, will Lennard wissen.

»Puh«, sagt Nino stöhnend, »um ehrlich zu sein, ist es schwierig, das immer in Kategorien zu packen. Ich weiß, der Mensch neigt dazu, alles mit Namen und Begriffen zu versehen, aber ich weiß, dass sich viele Trans*Menschen nicht in eine Schublade packen lassen wollen. Wichtig ist, dass man alle Arten von Sex haben kann, aber man sollte sich immer wohl dabei fühlen.«

»Und am wichtigsten ist«, sagt Hannah, »dass man beim Sex immer auch an Verhütung denkt, die im Falle von Trans*Menschen eher nicht dazu gedacht ist, Schwangerschaften zu verhindern, sondern das Übertragen von sexuell übertragbaren Krankheiten.«

»Ach nö, ihr wollt jetzt aber nicht schon wieder eure STI-Kuscheltiere herumwerfen, oder?«, ruft Lennard genervt.

Hannah schüttelt lächelnd den Kopf. »Wir haben sie immer dabei, aber natürlich können wir das Kapitel auch auslassen.«

»Ich möchte nur eines noch loswerden«, mischt sich Nino ein, »denn auch das Teilen von Sexspielzeugen kann natürlich Bakterien und Keime übertragen. Also bitte auch hier immer vorsichtig sein!«

»Genau. Und wenn man unsicher ist, kann man Kondome, Einweg-Handschuhe und Leckläppchen benutzen«, sagt Hannah.

»Was sind denn bitte ›Leckläppchen‹?«, platzt Emma heraus. »Davon habe ich noch nie gehört.«

»So ein ›Lecktuch‹, auch ›Dentic Dam‹ genannt«, setzt Hannah zur Erklärung an, »ist etwa fünfzehn Zentimeter breit und bis zu fünfundzwanzig Zentimeter lang. Es ist ein hauchdünnes Tuch, welches man beim Oralsex mit einem Mädchen beziehungsweise einer Frau über die Schamlippen und den Scheideneingang legt, um sich keine Krankheiten wie Herpes, Tripper, Chlamydien oder Hepatitis A zu holen. Denn leider kann man sich auch mit Krankheitserregern infizieren, wenn man die Scheide mit dem Mund berührt und so in Kontakt mit Scheidenflüssigkeit oder erkrankten Hautstellen kommt.«

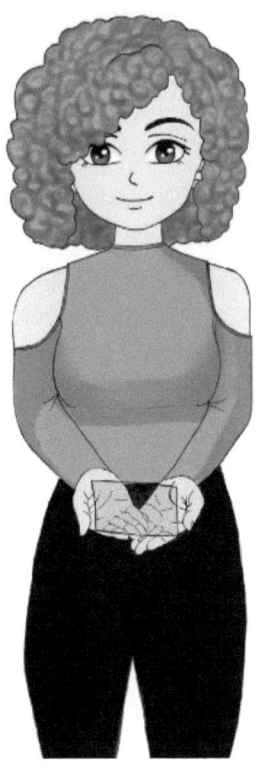

»Ist HIV denn auch über Oralverkehr übertragbar?«, fragt Boris verwundert nach.

»Nun«, druckst Hannah ein wenig herum, »eigentlich nicht. Es ist höchst unwahrscheinlich, dass man sich dabei mit HIV infiziert. Aber eine hundertprozentige Sicherheit hat man nie. Es ist also immer sicherer mit einem Lecktuch.«

»Wo bekommt man solche komischen Tücher?«, fragt Boris neugierig.

»Boris, du Weiberheld!«, ruft Lennard und wackelt mit den Augenbrauen.

Boris winkt ab.

»Leider kriegt man die nicht in Drogeriemärkten und oftmals nicht einmal in Apotheken. Entweder kauft ihr sie im Internet oder fragt mal bei der AIDS-Hilfe nach«, antwortet Hannah.

»Neulich habe ich einen Drogeriemarkt gesehen, in dem die Tücher verkauft wurden«, mischt sich Nino ein.

Hannah zuckt mit den Schultern. »Okay. Dann scheint dieses Verhütungsmittel auch langsam auf den Markt zu strömen. Die Aufklärung ist hier leider sehr mangelhaft. Viele haben noch nie von solchen Lecktüchern gehört.«

»Wo kann man sich eigentlich aufklären lassen, wenn man das Gefühl hat, transident zu sein?«, will Amelie wissen.

»Bist du etwa auch ein Trans*Junge?«, ruft Boris erschrocken.

Amelie schüttelt den Kopf. »Nein. Das war reine Neugier.«

»Es gibt mittlerweile viele Vereine, die über ›Transidentität‹ aufklären«, sagt Hannah und schreibt ein paar Namen an die Tafel. »Sie klären zum Beispiel darüber auf, welche Rechte ein Trans*Mensch hat. Im Fall von Chris würde das bedeuten, dass Chris in der Schule als Junge geführt wird und auch im Zeugnis sein selbstgewählter Name niedergeschrieben wird.«

Nino nickt. »Die Vereine haben oftmals Selbsthilfegruppen, wo sich mehrere Betroffene oder deren Angehörige treffen und über ihre Erfahrungen austauschen können.«
Chris meldet sich. »Ich habe mal gehört, solche Vereine bieten auch verschiedene Freizeitaktivitäten an.«
Hannah nickt. »Das ist richtig. So versuchen die Vereinsmitglieder das Miteinander zu fördern und die Geselligkeit, die jeder Mensch in sich spürt, nicht zu kurz kommen zu lassen. Trans*Menschen haben oft das Problem, dass sie sich zurückziehen und abkapseln. Sie verschließen sich vor der Außenwelt und das will man mit solchen Freizeitaktivitäten verhindern.«
»Ist die Selbstmordrate denn hoch bei... solchen Menschen?«, fragt Linda schüchtern.
Hannah nickt erneut. »Je weniger ein Trans*Mensch in die Gesellschaft eingebunden ist und sich eingebunden fühlt, um so höher ist die Wahrscheinlichkeit, dass er in seinem Leben keinen Sinn sieht. Ganz elementar wichtig ist hier auch die Unterstützung des Elternhauses.«
Chris stöhnt leise.
Mia blickt mitleidsvoll zu ihrem Klassenkameraden. Chris' Eltern sind alles andere als tolerant.
Die beiden Studierenden beantworten noch ein paar Fragen der Schüler, bis es zur Pause klingelt und Herr Knabe sich von ihnen verabschiedet.

Two Spirit - Zweigeist

»Hallo Chris, schön, dass du kommen konntest«, sagt Mia lächelnd und lässt ihren Klassenkameraden ins Haus.
»Sind deine Eltern gar nicht da?«, fragt Chris und blickt sich neugierig um. Er zieht sich Jacke und Schuhe aus.
»Mein Vater und Sophie sind mit Stella zu meinen Großeltern gefahren. Meine Mutter ist mit meinem Stiefvater zu Besuch«, erklärt Mia.
Sie betreten das Wohnzimmer.
Nach einer kurzen Vorstellungsrunde reicht Mia selbstgebackene Waffeln herum.
»Mike ist Arzt«, sagt Mia kauend. »Er arbeitet mit meiner Mom in einer Klinik in Südafrika, wo sie sich um Trans*Menschen kümmern.«
»Echt?« Staunend reißt Chris die Augen auf. »Hast du coole Eltern!«
»Deine machen dafür Schokolade«, wendet Mia ein.
»Ich würde lieber tauschen.«
Sie gehen ins Wohnzimmer, wo Chris Mias Eltern begrüßt.
»Hallo«, sagt Mike lächelnd. »Ich bin Mike. Ich arbeite mit Jugendlichen zusammen, die sich für das andere Geschlecht entscheiden, weil sie sich so fühlen. Mia hat mir schon erzählt, dass du ein Trans*Junge bist. Darum spreche ich das auch so direkt an.«
Unsicher blickt Chris zu Mia.
Diese zuckt mit den Schultern. »Sie wissen Bescheid. Ich hoffe, es ist in Ordnung!«
Chris nickt. »Es ist immer ein doofes Gefühl, auf die Straße zu gehen und zu wissen, dass die Leute blöd gu-

cken. In Berlin war es noch krasser, weil mich alle vorher als Mädchen kannten. Ich musste ja in der Grundschule Kleider tragen.«
»Dann schließe ich daraus, dass deine Eltern kein Verständnis für dein Problem haben?«, fragt Mike vorsichtig nach.
Chris grunzt abfällig. »Kein Verständnis? Sie sind mega wütend, weil ich als Hoffnungsträger Mädchen nun ein Junge bin. Ich habe drei ältere Brüder. Ich war ein absolutes Wunschmädchen. Und seitdem ich sieben war, wusste ich, ich bin ein Junge.«
»Hast du schon einmal mit einem Arzt über deine Möglichkeiten gesprochen? Ich meine, durch eine Hormonbehandlung würde bei dir der Stimmbruch einsetzen und du würdest Bartwuchs bekommen«, sagt Mike.
Chris schneidet eine Grimasse. »Nein. Meine Mutter hat die Krankenkassenkarte und die gibt sie auch nicht heraus. Ich habe schon überlegt, mir Hormone über das Internet zu bestellen.«
Nun verzieht Mike das Gesicht. »Davon kann ich dir als Arzt nur abraten. Ich habe mit einem Kollegen gesprochen, mit dem ich in Berlin gemeinsam studiert habe. Er hat mir zugesagt, dass er dich als Patient mit aufnehmen kann.«
»Echt? Aber wie soll ich den Arzt bezahlen?«, fragt Chris nachdenklich.
»Du bist fast fünfzehn, erzählte Mia, richtig?«, hakt Mias Mutter nach.
Chris nickt.
»Dann kannst du dir bei deiner Krankenkasse selbst eine Karte besorgen und damit dann zum Arzt gehen«, rät Mias Mutter.
Erleichtert atmet Chris auf.

»Ich habe hier in Absprache mit meinem alten Studienkollegen ein Hormonpräparat, welches über die Haut einwirkt. Es verhindert dein Brustwachstum, fördert deinen Bartwuchs und sorgt dafür, dass du eine Art Stimmbruch bekommst«, erklärt Mike. »Du kannst es alle drei Tage nehmen und in zwei Wochen hast du einen Termin bei meinem Kollegen in Berlin.«
»Cool! Danke!«, sagt Chris überglücklich.

***

»So, Jungs und Mädels, heute Nachmittag steigt unsere Party. Ich habe leider noch nicht von allen Schülern eine Rückmeldung erhalten, wer kommt«, ruft Herr Knabe.
»Wir kommen alle, Herr Knabe«, sagt Lennard genervt. »Schließlich haben Sie uns dazu gezwungen.«
Herr Knabe lacht verlegen. »Nun ja, gezwungen ist ein hartes Wort.«
»Ist es plötzlich keine Schulveranstaltung mehr?«, fragt Lennard hoffnungsvoll.
Herr Knabe schüttelt den Kopf. »Doch. Und ich glaube, es ist gut, dass wir etwas Aufklärung betreiben.«
»Aber muss die Party ausgerechnet ›*Two Spirit*‹ heißen?«, wirft Hannes ein. »Ich meine, nicht jeder ist gleich vom dritten Geschlecht, nur weil Chris der Meinung ist, sie muss als Kerl leben.«
»Das habe ich auch nie behauptet«, wirft Herr Knabe ein. »Aber es schadet trotzdem nicht, wenn man weiß, dass es tatsächlich andere Völker gibt, die das dritte Geschlecht schon vor langer, langer Zeit anerkannt haben. Außerdem müssen wir solche Veranstaltungen durchführen, um unser Zertifikat ›Schule gegen Rassismus - Schule mit Courage‹ behalten zu dürfen.«

Mia meldet sich. »Können wir denn jetzt noch die Plakate fertigstellen, Herr Knabe? Emma und ich haben es zuhause nicht mehr geschafft, die Kugelmenschen zu präsentieren.«

Herr Knabe nickt. »Natürlich, Mia. Ich hatte euch ja gesagt, dass ihr das Material zuhause sammeln könnt, um die Plakate für die Party in der Schule fertigzustellen. Ihr könnt quasi jetzt loslegen.«

Die Schüler scharren mit den Füßen und holen ihre Unterlagen heraus.

»Gibt es denn schon eine Gruppe, die fertig ist mit dem Plakat?«

Thomas und Matthew melden sich. »Wir.«

Herr Knabe nickt. Dann lächelt er. »Dann setzt euch bitte zu Mia und Emma und helft den Mädels mit den Kugelmenschen!«

Murrend gehen die beiden Jungs zu Mia und Emma.

Unsicher schaut Mia ihren Freund an. »Ist es so schlimm, dass du mir helfen sollst?«, fragt sie leise.

Thomas blickt sie lange an.

Mia sieht, dass er noch immer mit ihr schmollt.

Chris beugt sich zu Mia hinüber. »Wenn du willst, helfe ich euch.«

Thomas erschrickt fast ein wenig, schüttelt aber dann den Kopf. »Nein, nein, es geht schon. Wir helfen den Mädels.«

Chris lächelt und zwinkert Mia zu.

Mia grinst. Sie weiß genau, dass Chris seine Hilfe nur angeboten hat, um Thomas herauszufordern.

»Dann ist es also doch nicht so schlimm, mit uns zusammenzuarbeiten?«, fragt Mia leise.

Emma schnauft. »Jetzt ist aber mal Schluss mit Schmollen, Thomas! Du benimmst dich wie ein bockiges, dreijähriges Kind! Vertragt euch endlich! Oder wollt ihr eure Freundschaft riskieren, weil ihr nicht über euren Schatten springen könnt?«

Mia und Thomas blicken sich an.

»Ich habe gar keinen Schatten, über den ich springen müsste«, gesteht Mia. »Ich habe Thomas lediglich gebeten, am Wochenende zu mir zu kommen. Aber Monsieur hatte ja was Besseres vor und hat nicht einmal abgesagt.«

»Thomas, das geht nicht! Wenn du eine Einladung bekommst, musst du wenigstens absagen«, mahnt Emma.

»Danke für die Belehrung. Das weiß ich selber«, knurrt Thomas.

Matthew stupst ihn mit der Schulter an. »Dann reiß dich endlich mal zusammen! Es ist ja okay, wenn man eifersüchtig ist, aber du machst mit deinem Gebocke wirklich alles kaputt. Wenn Mia dann keine Lust mehr auf dich hat, brauchst du dich nicht zu beschweren.«

Thomas knickt ein. »Es tut mir leid, Mia. War doof von mir.«

Mia hält ihm die Hand entgegen.

Thomas ergreift sie und drückt ihr einen Handkuss auf. »Entschuldigung angenommen.«

Emma verdreht die Augen. »Na, endlich, ihr zwei! Wird auch Zeit, dass wieder Normalität einkehrt.«

Sie basteln gemeinsam das Plakat fertig und dürfen dann nach Hause gehen, um nachmittags wieder zur Party zu erscheinen.

***

»Was ist das, bitteschön?«, fragt Chris' Mutter entgeistert, als sie die vielen Plakate in der Aula sieht, die die Klasse 8b für die Schulveranstaltung dort aufgehängt hat.

Chris zeigt auf ein Plakat, auf dem Indianer aus Nordamerika abgebildet sind. »Das sind die Ureinwohner Nordamerikas. Es erklärt, dass die Stämme bereits damals von Jungen und Mädchen sprachen, die ihrem Verhalten und ihren Fähigkeiten nach zu dem anderen Geschlecht neigten, als dem Geschlecht, welches sie bei der Geburt zugewiesenen bekommen haben. Man nannte sie ›*Two-Spirit*‹, also ›*Zweigeist*‹. Man hat diese Menschen, weil sie oft über besondere Kräfte und Fähigkeiten verfügten, sogar verehrt. Two-Spirits mit einem von Geburt an männlichen Körper waren oft Heiler und Two-Spirits mit einem von Geburt an weiblichen Körper waren oft Krieger oder Häuptlinge.«

»Das ist jawohl ein Scherz, Christina«, sagt Chris' Mutter mit verkniffener Miene.

Chris zuckt zusammen. »Nein. Sie stellten quasi das dritte Geschlecht dar und waren deshalb auch nicht homosexuell, nur weil sie sich dem gleichen Geschlecht zuwandten, das sie selbst bei der Geburt bekommen haben.«

Arnika Ebenholz schnappt nach Luft. »Christina, was willst du uns damit sagen? Bist du etwa auch noch homosexuell?«

»Nun beruhige dich, Schatz«, wendet Chris' Vater ein. »Niemand redet hier davon, dass Christina homosexuell ist. Das ist ein Klassenprojekt zur Aufklärung. Ich finde es gut, wenn der Horizont unserer Kinder erweitert wird.«

»Ich liebe ein Mädchen«, platzt Chris heraus.

Emma und Mia, die mit Thomas und Matthew in der Nähe stehen, spitzen erschrocken die Ohren.

»Was soll das denn jetzt schon wieder heißen, Christina?«, fragt Chris' Mutter entsetzt.

»Mama, könntest du bitte aufhören, mich ständig Christina zu nennen!« Chris ist den Tränen nah.

»Probleme?«, mischt sich Herr Knabe lächelnd ein.

»Nein. Zumindest keine, die Sie etwas angehen, Herr Knabe«, zischt Arnika Ebenholz verärgert.

»Meine Frau meint es nicht so, Herr Knabe. Bitte entschuldigen Sie meine Frau!« Chris' Vater wendet sich an seine Frau. »Könntest du dich jetzt bitte zusammenreißen! Es ist absolut nicht förderlich, wenn du jetzt und hier eine Szene machst.«

Chris' Mutter schluckt. Nun ist auch sie den Tränen nah. »Ich habe mich so sehr über mein kleines Mädchen gefreut. Und seit Jahren versucht sie mir weiszumachen, dass sie kein Mädchen ist, sondern ein Junge. Es bricht mir das Herz. Es ist, als wenn mir jemand mein kleines

Mädchen weggenommen hat. Ich habe mein Kind verloren...« Nun bricht Chris' Mutter doch in Tränen aus.
Chris legt ihr eine Hand auf den Arm. »Mama, ich bin noch da! Ich bin nicht tot.«
Chris' Mutter schnieft. »Doch. Mein Mädchen ist tot. Du verleugnest einfach deine ganze Vergangenheit. Ich darf keine Fotos mehr aus deinen Kindertagen herausholen, auf denen du Mädchenkleider trägst. Ich darf dich nicht mehr bei deinem Namen rufen und als Mädchen darf ich dich auch nicht mehr betrachten. Mein kleines Mädchen ist weg. Einfach weg. Und ich kann nichts dagegen tun.«
»Mama, nun weine nicht! Ich bin noch da. Ich bin derselbe Mensch. Ich bin nur nicht mehr Christina. Ich bin jetzt Chris. Ich habe dieselben Hobbys, dieselben Ansichten. Warum kannst du nicht endlich akzeptieren, dass ich ein Junge bin?«
Chris' Mutter mustert ihre Tochter, die längst zum Sohn geworden ist. »Wenn du dich umoperieren lässt, wirst du niemals Kinder bekommen. Du wirst niemals feststellen, wie wundervoll es ist, Mutter zu sein. Was es für Vorzüge hat, eine Frau zu sein. Dir entgeht so viel.«
»Wenn ich achtzehn bin, werde ich mir die Gebärmutter und die Eierstöcke entfernen lassen, Mama. Ich möchte nicht schwanger werden und mich wie eine Frau fühlen. Ich bin ein Junge. Warum kannst du das nicht akzeptieren?«
»Wenn ich mal etwas dazu sagen darf?«, mischt sich Thomas zur Überraschung aller ein. Er räuspert sich. »Ich muss zugeben, ich mag Chris nicht. Er macht sich permanent an meine Freundin ran und das ist ein echt mieser Charakterzug.«
»Entschuldige!«, sagt Chris plötzlich. »Du hast Recht. Es ist wirklich nicht nett von mir. Aber ich bin so verliebt,

dass ich meine gute Erziehung vergessen habe. Vielleicht könnten wir nochmal von vorne starten? Ich verspreche dir, Mia von nun an nur noch als gute Freundin zu betrachten.« Chris hält Thomas die Hand hin.

Thomas schlägt ein. »In Ordnung! Aber halte dich an die Abmachung!«

»Geht klar!« Chris schneidet eine Grimasse. »Auch wenn es mir schwerfällt.«

»Was wolltest du sagen, mein Junge?«, fragt Chris' Vater.

Thomas nickt und sammelt seine Gedanken. »Ich bin in der glücklichen Lage und darf das sein, als was ich geboren wurde. Aber ich glaube mittlerweile, es gibt tatsächlich Menschen, für die das kein Spiel oder Ringen um Aufmerksamkeit ist. Für diese Menschen ist es eine Qual, nicht das sein zu dürfen, als was sie sich fühlen. Ständig und überall werden sie schief angeguckt und müssen sich ein wirklich dickes Fell zulegen. Chris ist ja auch in der Schule nicht vor dummen Kommentaren gefeit.«

»Das stimmt allerdings«, sagt Chris leise. »Ich werde oft angefeindet. Und bevor ich manchmal das Haus verlasse, überlege ich, wie vielen Menschen ich wohl begegnen werde, die mich blöd angucken, die überlegen, was ich bin - ein Junge oder ein Mädchen - und die mir vielleicht sogar Beleidigungen an den Kopf werfen.«

Thomas nickt. »Richtig.«

»Aber was ist, wenn meine Tochter sich für ein Leben als Mann entscheidet und hinterher tut es ihr leid, dass sie keine Kinder mehr gebären kann?«, fragt Chris' Mutter schniefend.

»Bitte entschuldigen Sie, dass ich mich einmische«, sagt Mias Stiefvater. »Ich bin Dr. Mike Hansen. Ich habe eine große Praxis in Südafrika. Wir behandeln dort Transgender-Patienten, vor allem Jugendliche, die den Leidens-

druck nicht mehr aushalten, weil die Pubertät aus ihnen Menschen macht, die sie von Geburt an nicht sind.«
»Dafür gibt es Ärzte?«, fragt Chris' Mutter perplex.
Mike lächelt. »Oh ja, dafür gibt es Ärzte. Ich bin Chirurg. Wir operieren Transgender-Patienten. Wir helfen sogenannten Trans*Frauen mit einer Stimmband-Operation zu einer helleren Stimme, wir ändern das Geschlecht und wir betreuen sehr viele Trans*Jugendliche mit Gesprächs- und Hormontherapien, damit sie die Pubertät im falschen Körper gar nicht erst durchmachen müssen.«
»Aber kann man denn so ein Getue nicht mit einer Psychotherapie wieder hinbasteln?«, will Chris' Vater wissen.
Mike hebt erstaunt die Augenbrauen. »Sie meinen, dass ein Mädchen, welches sich als Junge fühlt, durch Gespräche und Hormone wieder zum Mädchen wird?«
Chris' Eltern nicken hoffnungsvoll, doch Mike schüttelt den Kopf. »Nein. Das funktioniert nicht. Glauben Sie mir, wenn das gehen würde, hätten schon viele Trans*Menschen diesen Strohhalm ergriffen, denn das hätte vielen die Schmerzen und den Leidensdruck erspart.«
»Und wir stellen in unserer Klinik immer wieder fest, dass es besser ist, den Patienten zu helfen, statt nichts zu tun. Es ist falsch, bei Chris abzuwarten, bis er erwachsen ist und ihn die Tortur der Pubertät durchmachen zu lassen, in der Hoffnung, er ändert seine Meinung«, mischt sich Mias Mutter ein.
Mia umarmt ihre Mutter stolz.
»Bedenken Sie bitte, Ihre Tochter…Entschuldigung, Ihr Sohn Chris«, verbessert sich Mike schnell, »ist nun in einem Alter, wo er die Regelblutung bekommt und wo die Brüste wachsen. Chris sollte ganz schnell mit einer Hormontherapie anfangen, damit ihm die Entwicklung zur Frau erspart bleibt.«

Chris' Eltern blicken sich schweigend an. Es ist ihnen deutlich anzusehen, dass sie sich unwohl fühlen. Schließlich fängt Chris' Mutter erneut an zu weinen.

Mike legt ihr einen Arm um die Schulter. »Wie heißen Sie?«

»Arnika Ebenholz.«

»Frau Ebenholz, Sie sollten sich selbst einen Gefallen tun! Suchen Sie Ihren Arzt auf und lassen Sie sich eine Psychotherapie verschreiben, um mit dem Problem fertig zu werden. Lassen Sie sich helfen! Das ist kein Zeichen von Schwäche.«

Chris' Mutter tupft sich die Augen trocken. »Aber ich will doch kein Mann werden.«

Mike lächelt. »Darum geht es auch nicht. Sie brauchen ganz offensichtlich Hilfe bei der Verarbeitung des Problems Ihres Kindes.«

»Es gibt auch Vereine, die sich um Trans*Menschen und deren Angehörige kümmern. Dort gibt es Gesprächskreise und Unterstützung«, rät Mias Mutter.

»Geben Sie Ihrem Kind die Chance, glücklich zu werden! Sperren Sie sich nicht weiter gegen den Wandel, den Chris durchmachen möchte! Es ist doch niemandem geholfen, wenn Ihr Kind Depressionen bekommt und sich vielleicht sogar das Leben nimmt«, sagt Mike.

Erschrocken blickt Chris' Mutter ihn an. »Was? Selbstmord? So etwas gibt's?«

Mike nickt. »Wir haben leider auch schon einige Fälle gehabt, wo sich die Eltern gegen ihre Kinder gestellt und dem Wunsch auf Geschlechtsänderung nicht entsprochen haben. Diese Kinder haben sich das Leben genommen.«

»Du würdest dich umbringen?«, fragt Arnika Ebenholz Chris entgeistert.

Chris schneidet eine Grimasse. »Nein, Mama. Eher würde ich euch verlassen und mir Adoptiveltern suchen.«

»Das kommt überhaupt nicht infrage«, meldet sich Chris' Vater zu Wort. »Du bist unser Kind. Ob nun als Mädchen oder als Junge. Dann haben wir eben vier Jungs, die wir lieben«, sagt er schwer seufzend. »Aber bitte zwinge uns nicht, deine Vergangenheit komplett auszulöschen! Wenn ich mir alte Familienfotos angucken möchte, dann möchte ich das auch tun dürfen, ohne dass du mir an die Kehle springst.«

»Geht klar, Papa«, sagt Chris und lächelt breit. »Dann darf ich mich einer Testosteron-Behandlung unterziehen?«

Chris' Vater verdreht die Augen. »Ich befürchte, da kommen wir nicht mehr drum herum, oder?«

»Kriegst du dann eine tiefe Stimme und einen Bart?«, fragt Chris' Mutter entsetzt.

Chris rümpft die Nase. »Ja, Mama. Und darauf freue ich mich sehr.«

Chris' Mutter schluchzt leise in ihr Taschentuch. »Wenn es denn sein muss, dann mach es in Gottes Namen!«

Chris umarmt seine Eltern.

Heimlich hat er längst mit der Hormontherapie angefangen, aber mit Erlaubnis hat er natürlich ein besseres Gefühl.

Herr Knabe hebt siegessicher die Faust hinter dem Rücken von Familie Ebenholz. »Endlich!«, sagt er leise und bringt Mia und Emma zum Grinsen.

»Da war Ihre Idee mit der ›*Two-Spirit-Party*‹ ja ein voller Erfolg, was, Herr Knabe?«, sagt Emma leise.

Herr Knabe nickt. »Aber so was von!«

Das Gespräch

»Ich bin so froh, dass du wieder normal bist«, sagt Mia und guckt Thomas ganz verliebt an.
»Ich war die ganze Zeit über normal«, verteidigt sich Thomas.
»Ich will nicht schon wieder streiten«, wirft Mia ein, »aber du warst richtig sauer auf mich und hast mich das auch spüren lassen.« Sie umarmt Thomas und gibt ihm

einen Kuss.
»Tut mir leid! Nächstes Mal reden wir gleich, okay?« Mia nickt erleichtert.
»Hallo, ihr zwei Turteltauben«, ertönt Chris' Stimme. Mia und Thomas blicken auf.
»Hallo Chris! Hallo René!«, sagt Mia.
»Was macht ihr denn hier?«, fragt Thomas überrascht.

»Wir sind auf dem Weg zur Schokoladenfabrik«, sagt Chris. »Wir treffen uns gleich mit Renés Adoptiveltern.«
»Das ist bestimmt sehr aufregend, was?«, mutmaßt Mia.
Die beiden Freunde nicken.
»Wollt ihr zwei nicht mitkommen? Ich spendiere auch eine Tasse heiße Schokolade«, schlägt Chris vor.
»Es gibt heiße Schokolade in eurer Fabrik?«, fragt Mia begeistert. Fragend blickt sie zu Thomas.
Dieser nickt ergeben. »Was kann ich schon gegen heiße Schokolade ausrichten?«
»Prima«, sagt Chris erfreut. »Dann entspannen wir die Lage vielleicht ein bisschen.«
Gemeinsam gehen die Vier zur Schokoladenfabrik, die am Rande des Waldes liegt. Sie betreten das Café, welches in der nächsten Woche eingeweiht werden soll.
»Hallo Schatz!«, sagt Chris' Mutter. »Renés Eltern sind schon da. Wir haben euch einen Stehtisch im Café vorbereitet.«
»Können wir viermal heiße Schokolade bekommen, Mama?«, fragt Chris hoffnungsvoll.
Chris' Mutter lächelt. »Kommt sofort. Alle mit Sahne?«
Die Freunde nicken und gehen ins Café.
»René! Da bist du ja! Gott, du siehst ganz abgemagert aus«, ruft eine Frau mittleren Alters mit kurzen, blonden Haaren. Sie läuft auf René zu und will sie umarmen.
Doch René hebt abwehrend beide Arme. »Warte, Mama!«
Abrupt bleibt die Frau stehen.
Renés Adoptivvater, ein Mann um die Fünfzig mit grauen Haaren, wartet am Stehtisch. Er hebt nur eine Hand zum Gruß. »Hallo René! Brauchst du so viel Verstärkung, um mit deinen Eltern zu reden?« Er ist alles andere als begeistert, dass Mia und Thomas mitgekommen sind.

Verunsichert wendet sich Mia an Chris. »Sollen wir nicht doch lieber wieder gehen?«

Chris schüttelt entschieden den Kopf. »Nein. Bleibt bitte!«

»Findest du es richtig, von zuhause wegzulaufen und vier Wochen lang kein Lebenszeichen von dir zu geben?«, fragt Renés Adoptivvater.

»Entschuldige, Papa! Oder sollte ich lieber ›Sven‹ sagen?«, fragt René.

Fragend zieht Sven Meier die Augenbrauen hoch. »Was soll das bedeuten? Klärst du uns bitte auf?«

René schluckt. »Ich war beim Arzt, weil…« Sie blickt verschämt zu Boden.

»Schatz, du kannst mit uns über alles reden«, muntert Melanie Meier ihre Adoptivtochter auf.

»Ihr aber offensichtlich nicht«, platzt René heraus.

Erschrocken schauen sich die Meiers an.

Sven Meier schluckt und räuspert sich. »Dann hast du wohl herausgefunden, dass wir dich adoptiert haben?«

René nickt.

Melanie Meier schlägt sich entsetzt die Hand vor den Mund. »Wie hast du das herausgefunden?«

René kneift verärgert die Augen zusammen. »Die Frage sollte doch eher lauten, wieso habt ihr mir das verheimlicht?«

Sven Meier verdreht die Augen. »Zu deinem Schutz.«

René lacht erstaunt auf. »Zu meinem Schutz? Wovor müsst ihr mich bitte schützen?«

»Vor deiner Vergangenheit«, sagt Renés Adoptivvater mit ernster Miene.

Fragend blickt René ihre Adoptiveltern an. »Könntet ihr mir das bitte wenigstens jetzt erklären, wo die Katze aus dem Sack ist?«

Wieder tauschen die beiden Eltern einen Blick aus.
»Bist du sicher, dass du das Problem vor deinen Freunden erörtert haben möchtest?«
Chris' Mutter bringt den vier Jugendlichen einen großen Becher heiße Schokolade mit Sahne.
»Danke, Mama!«, sagt Chris lächelnd.
»Gern geschehen.« Chris' Mutter entfernt sich wieder.
»Dein leiblicher Vater war ein…« Renés Vater zögert.
»Zwitter?«, hilft René ihm aus.
Perplex hebt Sven Meier die Augenbrauen. »Woher weißt du das?«
René zuckt mit den Schultern. »Wie gesagt, ich war beim Arzt, weil irgendetwas mit mir nicht stimmt. Und dort habe ich erfahren, dass ich beide Geschlechter habe. Ich habe eine Vagina und einen Penis statt einer Klitoris. Ich habe Hoden, die im Körper liegen und eine Gebärmutter mit Eierstöcken.«
Erschrocken atmet Sven Meier ein. »Was?«
»Oh mein Gott, René!«, sagt Melanie Meier.
Schnell blinzelt sie ihre Tränen weg.
»Das wussten wir nicht«, gibt Renés Adoptivvater zu.
»Nein, natürlich nicht. Sonst hätte man mich ja schon als Baby verstümmelt«, sagt René verärgert.
»Das wäre auch besser so gewesen«, platzt Sven Meier heraus.
»Was?« Entsetzt blickt Melanie Meier zu ihrem Mann.
»Wie kannst du so etwas sagen?«
Dieser winkt ab. »Nein, so war das nicht gemeint. Ich meinte, man hätte nach deiner Geburt die Genitalien eines Geschlechtes entfernen können. Dann hättest du jetzt keine Probleme.«
»Und wenn es das falsche Geschlecht gewesen wäre, was man entfernt hätte?«, wirft René ein.

Ihr Vater zuckt mit den Schultern. »Die Chance liegt eben bei fünfzig Prozent, dass es das richtige Geschlecht ist.«

René schnauft. »Das macht ihr euch aber sehr einfach. Ist ja auch nicht euer Körper, über den ihr euch anmaßt zu entscheiden.«

»Wie redest du denn mit deinem Vater?«, fragt Melanie Meier entsetzt.

René blitzt sie wütend an. »Sven ist mein Adoptivvater!«

»Rede nicht so mit deiner Mutter!«, platzt Sven Meier heraus.

»Ist sie das denn? Dann hast nur du mich adoptiert?«, fordert René ihren Adoptivvater heraus.

Dieser seufzt. »Nein. Wir haben dich beide adoptiert. Dein Vater hat sich nach deiner Geburt das Leben genommen. Und deine Mutter war alleine mit dir vollkommen überfordert.«

»Wir haben nicht damit gerechnet, dass dein Vater seine Fehlbildungen an dich weitervererbt, sonst…« Melanie Meier bricht ab.

»Sonst was?«, mischt sich nun Mia ein, die die ganze Zeit über schweigend zugehört hat. »Hätten Sie René dann nicht adoptiert, wenn sie gewusst hätten, dass sie ein Zwitter ist?«

»Intergeschlechtlich«, wirft Chris ein.

»Genau«, bestätigt Mia. »Das meinte ich.«

»Dann hätten wir sie als Baby gleich operieren lassen«, sagt Melanie Meier gereizt.

»Dann habe ich ja Glück, dass ihr euch darüber keine Gedanken gemacht habt«, knurrt René.

»Darüber lässt sich streiten, René. Oder findest du es etwa toll, beide Geschlechter zu haben? Willst du uns vielleicht gleich noch eröffnen, dass du dich wie ein Regenwurm selbst befruchten willst?« Wütend starrt Sven Meier seine Adoptivtochter an.

»Wenn ich dazu auch mal was sagen dürfte«, mischt sich Thomas ein. »Also wir haben in Biologie gelernt, dass es nicht möglich ist, sich selbst zu befruchten. Weil die Menschen, bei denen sich beide Geschlechtsmerkmale entwickelt haben, entweder die Gebärfähigkeit nicht erreichen oder die Spermienreifung gestört ist.«

»Echt?«, fragt René nach.

Thomas nickt.

»Aha!«, sagt Renés Adoptivvater nur. »Mit so einem Zeug beschäftigt ihr euch in der Schule? Unglaublich, die Lehrpläne heutzutage.«

»Liebst du mich eigentlich?«, fragt René ruhig.

»Natürlich liebt dein Vater dich!«, antwortet Melanie Meier statt ihres Mannes.

René hebt eine Augenbraue. »Adoptivvater, bitte! Und ich habe ihn gefragt, nicht dich.«

»Ich bin nicht damit einverstanden, dass du so mit deiner Mutter sprichst.« Sven Meier hält inne. »Oder Adoptivmutter, wenn du darauf bestehst.«

René verschränkt die Arme vor der Brust und tippt abwartend mit dem Fuß auf den Boden.

»Natürlich liebe ich dich. Was ist das für eine dämliche Frage?«, antwortet Renés Adoptivvater schließlich reichlich verärgert.

»Auch wenn ich zukünftig ein ›X‹ in meinem Pass stehen habe? Und auch, wenn die Leute euch ansprechen, warum ich weder Frau noch Mann bin?«, bohrt René weiter.

Ihre Adoptiveltern stöhnen.

»Wir haben dich damals adoptiert, weil wir selbst keine Kinder bekommen konnten. Es war das größte Geschenk für uns, dass wir dich bekommen haben«, erzählt Melanie

Meier. »Wir haben dich großgezogen wie unser eigenes Kind. Wir haben nie darüber nachgedacht, dass du andere leibliche Eltern hattest.«

»Nie?«, will Chris erstaunt wissen.

»Fast nie«, winkt Melanie Meier ab. »Natürlich kann man die Tatsache nicht ausblenden, dass man ein Kind adoptiert hat. Gerade, wenn man es verheimlicht, so wie wir. Dann lebt man in ständiger Angst, dass das Kind herausfindet, dass man es nur adoptiert hat.«

»Sie müssen sich doch nicht dafür schämen!«, wirft Mia entrüstet ein. »Es ist doch toll, dass es Menschen wie Sie gibt, die sich so sehr ein Kind wünschen, dass sie ein fremdes Kind als eigenes annehmen; die sich um das Kind kümmern, ihm Liebe schenken und ein Zuhause geben; die für das Kind da sind, wenn es krank ist oder Kummer hat…«

»Es reicht«, unterbricht René Mia.

Überrascht schließt Mia ihren Mund.

René lächelt entschuldigend. »Ich habe deine Botschaft verstanden, Mia. Ich möchte auch nicht undankbar erscheinen. Ihr habt mir immer ein Zuhause gegeben und ich konnte mit jedem Problem zu euch kommen.«

»Und warum bist du dann vor vier Wochen einfach abgehauen und hast dich mit deinem Problem nicht an uns gewandt?«, fragt Sven Meier mit sehr ernster Miene nach.

René lächelt. »Ah, ich habe mich schon gefragt, wann du den Anwalt heraushängen lässt.«

»Ich bin und bleibe nun einmal Anwalt, René!«

René lässt den Kopf plötzlich hängen. »Ich war so sauer auf euch, weil ihr mich mein Leben lang angelogen habt! Ihr hättet mir doch erzählen können, dass ich ein Adoptivkind bin.«

»Das hatten wir auch vor, aber wir haben nie den richtigen Moment gefunden, um es dir zu sagen. Und dann bist du immer älter geworden und mit jedem Tag wurde es schwerer, dir reinen Wein einzuschenken«, gesteht Renés Adoptivmutter. »Wir wollten dich beschützen, dir keine Schuldgefühle geben.«

»Warum hätte ich Schuldgefühle haben sollen?«, fragt René verwundert nach.

»Weil deine Eltern dich weggegeben haben und du die Schuld hierfür bei dir suchen könntest?«, schlägt Mia vor.

René nickt. »Ja, das klingt einleuchtend. Ich habe mich die letzten Wochen häufig gefragt, warum sie mich weggeben haben. Ob ich nicht gut genug war. Oder ob sie bereits wussten, dass ich nicht normal bin.«

Chris legt einen Arm um Renés Schultern. »Süße, natürlich bist du ›normal‹! Und was ist schon ›normal‹? Ist nicht eigentlich alles ›normal‹, was die Natur hervorbringt?«

»Nein«, Sven Meier hebt eine Hand, »dem muss ich eindeutig widersprechen. Es gibt sicherlich Abweichungen in der Natur. Aber das bedeutet nicht, dass diese Abweichungen auch ›normal‹ sind. Wie das Wort ganz eindeutig sagt, bedeutet ›normal‹, dass etwas der ›Norm‹ entspricht, also so ist, wie der Mensch oder das Lebewesen in der Regel zu sein hat.«

»Danke für den Exkurs, Papa«, sagt René lachend. »Da merkt man mal wieder, dass du Anwalt bist.«

»Bitteschön! Aber ich muss dich nicht mit ›es‹ ansprechen, oder? Du bist und bleibst doch unsere Tochter, oder nicht?«, wirft Sven Meier ängstlich ein.

René winkt ab. »Nein, das müsst ihr nicht. Ich heiße René, was ja glücklicherweise ein Jungs- und ein Mädchenname ist.«

»Dann kommst du wieder nach Hause?«, fragt Melanie Meier hoffnungsvoll.
»Ja. Unter einer Bedingung«, fordert René.
»Die da wäre?«, will ihr Adoptivvater wissen.
»Ich möchte, dass ihr mir alles über meine Eltern erzählt, was ihr wisst. Lebt meine leibliche Mutter noch?«
Melanie Meier schüttelt traurig den Kopf. »Leider nein. Sie ist gestorben, als du vier Jahre alt warst. Großeltern hast du auch keine mehr.«
»Außer Oma und Opa in Berlin.«
»Genau. Meine Eltern leben noch«, bestätigt Sven Meier.
René umrundet den Tisch und umarmt ihre Adoptiveltern. Glücklich schließt Sven Meier seine Tochter in die Arme. »Bin ich froh, dass du wieder nach Hause kommst! Das Haus war ganz leer ohne dich, und die Sorgen, die wir uns um dich gemacht haben, haben echt an meinen Nerven gezerrt.«
»Ich bin auch froh, dass ich nicht länger in der Waldhütte leben muss, Papa«, gesteht René und zwinkert Chris verschwörerisch zu.
»Ende gut, alles gut«, seufzt Mia und leert ihre heiße Schokolade. »Mann, diese Schokolade ist einfach die Beste der Welt! Ich könnte ein ganzes Fass davon trinken.«
Chris grinst. »Dann sehe ich dich wohl zukünftig öfters im Café, was?«
Mia nickt.
Thomas legt ihr besitzergreifend einen Arm um die Schultern. »Aber nur in meiner Begleitung.«
»Kein Problem«, sagt Chris und lächelt.

Der Kuss

»Guten Tag, Chris! Ich bin Dr. Klein. Schön, dass du dich entschlossen hast, mich aufzusuchen. Mein Studienkollege Mike Hansen hat dich schon angekündigt.«
»Guten Tag, Herr Dr. Klein!«, sagt Chris mit brüchiger Stimme. Er ist wahnsinnig nervös.
»Du hast zwei Freundinnen als Begleitschutz mitgebracht?«, fragt Herr Dr. Klein mit einem verschmitzten Augenzwinkern.
Chris nickt. »Ja, das sind Mia und Emma aus meiner Klasse. Ich war einfach zu aufgeregt, um alleine zu kommen.«
»Guten Tag«, begrüßen Mia und Emma den Arzt höflich.
»Hallo! Das ist kein Problem. Ich kenne das bereits. Ich habe hier ein sehr verträgliches Testosteronmedikament für dich«, sagt Herr Dr. Klein und zeigt auf eine kleine Packung. »Wichtig ist vor allem zu wissen, dass sich dein Körper durch die Einnahme von Testosteron verändert.«
»Ich weiß. Ich bekomme keine Brüste, und stattdessen Bartwuchs und eine tiefere Stimme«, sagt Chris leise.
Herr Dr. Klein nickt. »Das stimmt. Aber auch deine Klitorisperle, der kleine Knubbel, der sich oberhalb vom Harnröhrenausgang quasi unter einer Art Kapuze versteckt, wird durch das Testosteron größer werden. Anfangs kann das jucken oder kribbeln, und es kann sogar sein, dass sie so groß wird, dass du deine Klitoris bei jedem Schritt spüren kannst und du hierdurch dauerhaft erregt wirst.«
»Aber ein Penis wird daraus nicht, oder?«, fragt Chris fast ein wenig hoffnungsvoll.

Bedauernd schüttelt Herr Dr. Klein den Kopf. »Nun, sie kann schon mal so groß werden, dass sie wie ein kleiner Penis aussieht, aber tatsächlich wird sie nicht zu einem solchen großen Schwellkörper, dass du damit in die Vagina einer Frau eindringen könntest.«
Chris schluckt. »Ich habe sowieso keine Freundin.«
Herr Dr. Klein lächelt väterlich. »Das ist kein Problem. Du solltest bedenken, wenn du einen Freund haben solltest, kannst du so lange schwanger werden, wie du deine Regelblutung bekommst. Die Antibabypille enthält weibliche Hormone und ist daher für dich nicht geeignet. Wenn du keine Menstruation mehr bekommst, wirst du auch keinen Eisprung mehr haben und kannst dann auch nicht schwanger werden. Du solltest dich trotzdem vor sexuell übertragbaren Krankheiten schützen.«
»Ich stehe nicht auf Männer«, gibt Chris zu. »Ich mag Mädchen.«
»Okay. Dann besteht zumindest keine Gefahr, dass du ungewollt schwanger werden könntest«, sagt Herr Dr. Klein. »Ich habe auch schon Trans*Männer betreut, die irgendwann das Testosteron abgesetzt haben, um ein Kind zu bekommen. Aber leider ist das Absetzen der Hormone keine Garantie, dass deine Fruchtbarkeit wiederkommt.«
»Ich glaube, ich möchte keine Kinder bekommen«, sagt Chris.
»Aber das weißt du doch jetzt noch nicht, Chris«, wirft Emma ein. »Vielleicht denkst du in zehn oder zwanzig Jahren anders.«
»Das ist richtig, junge Dame«, sagt Herr Dr. Klein. »Du bist noch sehr jung, Chris, und seine Meinung kann man natürlich auch im Laufe der Jahre ändern. Tatsache ist aber, dass du als Trans*Junge kein Mädchen schwängern

kannst. Zu keinem Zeitpunkt. Selbst wenn du dich dazu entschließen solltest, dich umoperieren zu lassen.«

»Gibt es denn umgekehrt Trans*Frauen, die bei einer Operation eine Gebärmutter bekommen haben?«, fragt Emma erstaunt.

Herr Dr. Klein schüttelt den Kopf. »Soweit ich weiß, nicht. Ich weiß von einer Transplantation des Uterus, so ist der medizinische Begriff für die Gebärmutter, bei einer sogenannten Cis-Frau, also einer Frau, die auch als Frau geboren wurde. Bei Trans*Frauen hat man eine solche Transplantation noch nicht ausprobiert.«

»Da ist die Medizin ganz schön weit, oder?«, sagt Mia überrascht.

Herr Dr. Klein lächelt. »Stimmt. Ich möchte dir allerdings noch etwas mit auf den Weg geben, Chris. Ich arbeite schon seit vielen Jahren mit transidenten Patienten. Und meine Erfahrung sagt mir, dass es ganz wichtig ist, auf sein Gefühl zu hören.«

»Wie meinen Sie das?«, hakt Chris nach.

»Nun«, sagt Herr Dr. Klein, »wenn du deinen Körper in ein paar Jahren so magst, wie er ist, auch wenn du keinen Penis hast, dann solltest du ihn so lassen. Nur wenn du wirklich fest davon überzeugt bist, dass du diese Operation brauchst, um glücklich zu sein, dann solltest du den Schritt gehen. Viele meiner Patienten haben auch allein durch Sport ein so gutes Körpergefühl bekommen, dass sie auf eine Operation verzichtet haben.«

»Ich darf mich ja ohnehin frühestens mit achtzehn operieren lassen, oder?«, wirft Chris ein.

Herr Dr. Klein nickt. »Das ist richtig. Aber ich kann dir nur davon abraten, überstürzt zu handeln, nur weil du dann volljährig bist. Es ist überhaupt kein Problem, sich erst mit Mitte Zwanzig oder sehr viel später zu diesem

Schritt zu entschließen. Denn niemand kann sagen, wie erfolgreich eine solche Operation verlaufen wird und ob du dich danach besser fühlst.« Herr Dr. Klein zieht seine Schublade auf und holt eine Broschüre heraus. Diese reicht er Chris. »Das ist eine Broschüre über Transsexualität vom Verein ›Trans*Recht‹. Der Verein ist natürlich nicht der einzige, aber er ist recht groß und hat ein vielseitiges Angebot. Heutzutage hat ja quasi jeder hierzulande Internet, daher kannst du das ganz einfach googeln.«
Chris reicht Herrn Dr. Klein die Hand. »Vielen Dank, Herr Dr. Klein. Sie haben mir wirklich sehr geholfen.«
»Gerne. Das ist mein Job.«

***

»Gewonnen!«, jubelt Mia und klatscht Emma ab.

»Revanche!«, ruft Matthew und holt die Billardkugeln aus dem Tisch.
»In Ordnung. Ihr dürft noch einmal gegen uns antreten. Aber vorher brauche ich noch etwas zu trinken«, sagt Mia. Sie winkt Thomas kurz zu und läuft aus dem Raum, um sich an der Bar des Jugendclubs etwas zu trinken zu holen.
»Hallo Mia«, ruft Chris ihr freudestrahlend entgegen.
»Hallo Chris«, antwortet Mia.
»Du strahlst ja heute so. Gefällt mir.« Chris funkelt Mia ganz verliebt an.
»Emma und ich haben gegen die Jungs Billard gespielt und gewonnen. Da muss man ja strahlen. Das kommt nicht häufig vor«, verrät Mia und bestellt sich eine Apfelschorle.
Chris beugt sich zu Mia. »Ich könnte dich glatt küssen, so süß siehst du gerade aus.« Bevor Mia reagieren kann, landen Chris Lippen auf ihren.
Entrüstet schiebt sie Chris weg. »Chris! Lass das! Du hast versprochen, dich zurückzuhalten. Was soll nur Thomas denken, wenn er uns so sieht?«
»Thomas ist alles andere als begeistert«, ertönt Thomas' laute Stimme hinter ihnen. »Um ehrlich zu sein, ist Thomas sogar äußerst wütend. Du sagst, du gehst dir etwas zu trinken holen und knutscht dann mit diesem…diesem…›ihm‹ herum.«
Mia verdreht die Augen. »Thomas, es war ganz anders als du denkst.«
Thomas verschränkt die Arme vor der Brust. »Ach! War es das? Na, dann erkläre mir mal, warum ein Kuss plötzlich kein Kuss mehr sein soll!«
»Es ist alles meine Schuld«, mischt sich Chris ein.

»Du bist still! Wir hatten eine Abmachung, die du gerade gebrochen hast«, fährt Thomas Chris an.
»Ich weiß. Und es tut mir auch leid. Aber Mia hat so süß ausgesehen mit ihren tollen, blonden Haaren, den strahlend blauen Augen und dem Leuchten in ihrem Gesicht. Ich konnte einfach nicht widerstehen!«, gesteht Chris zerknirscht.
Mia ergreift Thomas' Hand. »Schatz! Bitte reg dich nicht auf! Es ist nichts passiert. Chris hat sich entschuldigt und ich habe ihm gesagt, dass er das nicht noch einmal machen soll. Ich möchte nicht schon wieder streiten. Das letzte Mal war schrecklich!«
»Ich möchte auch nicht streiten«, sagt Thomas und lässt Luft ab. »Aber ich habe auch keinen Bock, ständig aufpassen zu müssen, ob Chris über dich herfällt.«
Chris hebt beide Hände. »Ich versuche mich zu entlieben, okay?«
Thomas nickt seufzend. »In Ordnung. Aber lass in Zukunft wirklich die Finger von meiner Freundin!«
Chris salutiert und verabschiedet sich.
»Chris, du musst den Jugendclub nicht verlassen! Du kannst auch mit zum Billard kommen«, ruft Mia ihm mitleidsvoll hinterher. »Er hat überhaupt keine Freunde«, sagt sie erklärend zu Thomas.
Dieser seufzt erneut. »Okay, dann nehmen wir ihn halt mit rüber.«
Christ winkt ab. »Ist kein Problem. Ich wollte sowieso noch eine Tasche fertig nähen, die ich angefangen hatte.«
»Du nähst?«, fragt Mia interessiert.
»Ja. Eines meiner Hobbys.«
»Toll! Dann kannst du uns doch allen mal einen Nähkurs geben«, schlägt Mia vor. »Emma hätte nämlich auch Bock, Nähen zu lernen.«

»Klar, gerne. Bis später.« Chris hebt eine Hand und ist verschwunden.

***

Fröstelnd zieht sich Mia den Kragen ihrer Jacke höher. Es ist mit einem Mal erstaunlich frisch geworden, obwohl der Frühling längst da sein sollte.
Sie umrundet den Affenfelsen und bleibt irritiert stehen. Vor dem Felsen steht ein großer, gedeckter Tisch mit Kerzen in Windgläsern. Davor steht Thomas im schicken Anzug und verbeugt sich. »Gnädigste Frau, darf ich zu Tisch bitten!«

Staunend bleibt Mia der Mund offen stehen. »Thomas! Was hat das zu bedeuten?«

»Wir sind jetzt schon bald zwei Jahre zusammen und haben heute auf den Tag vor einem Jahr genau zum ersten Mal miteinander geschlafen. Ich dachte mir, das feiern wir, nachdem wir in letzter Zeit so wenig Spaß hatten.«

»Das hast du dir gemerkt?« Fassungslos blickt Mia ihren Freund an.

Thomas grinst. »Meine Mom meinte, Mädchen ist es wichtig, dass man sich als Junge wichtige Ereignisse merkt. Dazu gehören nicht nur Geburtstage und Weihnachten, sondern auch Jahrestage und andere Anlässe.«

Mia umarmt Thomas und gibt ihm einen Kuss. »Bist du süß! Und da hast du dir so viel Arbeit gemacht und extra einen Tisch und Essen hierhergefahren?«

»Mein Papa hat etwas geholfen.« Thomas zeigt auf die Reifenspuren im Boden.

Mia lacht leise. »Das ist eine richtig tolle Idee.« Grinsend setzt sie sich an den Tisch und legt sich eine Serviette über die Beine.

Thomas serviert die Vorspeise, eine heiße Nudelsuppe.

»Sag bloß, du hast auch gekocht?«, will Mia wissen. »Die Suppe duftet herrlich!«

Thomas verbeugt sich. »Ja, habe ich. Gemeinsam mit meiner Mutter.« Er setzt sich Mia gegenüber an den Tisch. »Ich dachte mir, wir haben in letzter Zeit so viel gestritten, dass es Zeit wird, mal wieder etwas Nettes zusammen zu machen.«

»Das ist mehr als nett, Thomas. Das ist richtig romantisch«, schwärmt Mia. »Und die Suppe wärmt so herrlich durch!«

»Ja, leider ist es heute kälter, als ich angenommen hatte. Wird Zeit, dass der Sommer kommt«, sagt Thomas fröstelnd.
Gemeinsam schlürfen sie ihre Suppe. Dann reicht Thomas Schnitzel und Pommes mit Jägersoße.
»Du hast mein zweites Lieblingsessen gemacht!«, ruft Mia begeistert.
Thomas stutzt. »Es ist nur dein zweitliebstes Essen?«
Mia druckst herum. »Nun ja, mein allerliebstes Essen ist Spaghetti Bolognese.«
»Verstehe. Das gibt es zum zweijährigen Jahrestag im Sommer«, verspricht Thomas.
Mia kichert. »Aber hier könnte ich dir beim Kochen helfen. Du sollst mich ja nicht zu jedem Anlass bedienen.«
»Stimmt. Aber ich fand, ich hatte noch etwas wieder gut zu machen. Schließlich war ich deiner Einladung nicht gefolgt und hatte auch nicht abgesagt«, sagt Thomas zerknirscht.
Mia winkt ab. »Schon vergessen.« Sie probiert das Schnitzel. »Es schmeckt himmlisch!«
»Nicht wahr! Das Rezept habe ich von meiner Oma.«
»Und was hast du zum Nachtisch geplant? Hoffentlich kein Eis? Sonst frieren mir heute die Hände ab«, feixt Mia.
Thomas schüttelt den Kopf und zeigt auf einen weiteren Wärmebehälter. »Ich habe heißen Schokoladenpudding dabei.«
Mia verdreht die Augen. »Wahnsinn! Das ist mein Glückstag.«
»Ich habe die Schokolade extra aus der Schokoladenfabrik geholt«, verrät Thomas.

»Gott, ich kann es kaum abwarten, den Pudding zu essen. Erzähle mir nicht mehr, sonst muss ich das Schnitzel liegenlassen«, fleht Mia.
Thomas lacht leise. »Kommt gar nicht infrage. Wenn du nicht aufisst, gibt es morgen schlechtes Wetter.«
»Oma Kassy sagt, dass das gar nicht stimmt.«
»Habe ich auch gehört. Soll wohl nur falsch überliefert worden sein von unseren Vorfahren. Es heißt nämlich, wenn man nicht aufisst, dann bekommt man das Essen am nächsten Tag wieder.«
»Genau, und weil die Leute das ›wieder‹ wie ›wedder‹ ausgesprochen haben, dachten alle Nachfahren, das Wetter war gemeint.«
Thomas schaut auf die Uhr.
»Hast du noch einen Termin?«, fragt Mia verwundert.
Thomas schüttelt den Kopf. »Nein. Ich muss nur meinen Vater anrufen, wenn wir beim Pudding angekommen sind, damit er uns samt Tisch und Utensilien wieder abholt.«
»Na, zum Glück müssen wir das Zeug nicht durch den halben Ort schleppen«, sagt Mia und verdreht lachend die Augen.
»Das sehe ich auch so.« Thomas hebt den Daumen. »Dann darf ich jetzt den Pudding servieren?«
»Du darfst!«
Thomas holt den heißen Pudding heraus.
Mia probiert und seufzt glücklich. »Ein Meisterwerk, Thomas! Vielen Dank für diese wundervolle Überraschung! Du bist echt der tollste Freund, den man sich wünschen kann.«
»Das will ich doch hoffen«, sagt Thomas und schickt seinem Vater eine Nachricht, dass er sie demnächst abholen kann.

Marterpfahl

»Emma! Was tust du da?«, ruft Mia erschrocken.
Johlend tanzt Emma im Indianerkostüm auf dem riesigen Gelände der Baumschule um einen bunten Marterpfahl ohne Krone herum.
An dem Baum steht Chris.
Er ist gefesselt.
Matthew zeigt mit dem Daumen auf Emma. »Sie ist total durchgeknallt. Von der Pippi zum Rächer der Indianer. Aber ich konnte sie nicht davon abhalten, Chris gefangen zu nehmen.«

Emma unterbricht ihr Indianergeheul und lacht. »Tretet näher, Fremde! Was führt euch zu mir?«
Mia lächelt verwirrt. »Du hast uns eingeladen!«
»Sprecht standesgemäß mit mir, Fremde! Ich bin Häuptling ›*Pinker Rächer*‹«, sagt Emma mit ernster Miene.
Thomas salutiert. »Verzeiht das Ungestümsein meiner Freundin, Häuptling ›*Pinker Rächer*‹!«
Emma nickt gnädig und verschränkt die Arme vor der Brust.
»Wir sind gekommen, um Eurer Einladung zu folgen«, sagt Mia und verbeugt sich.
Emma nickt erneut. »Sehr wohl, Fremde! Kennt ihr meinen Gefangenen?«
Mia blickt zu Chris. »Ja. Das ist Chris Ebenholz, Häuptling!«
»Das hat mir der feige Hund auch gesagt«, sagt Emma hinter vorgehaltener Hand. »Wenn er es wirklich wäre, würde er sich mit Schokolade freikaufen. Aber er hat keine Schokolade bei sich.«
Chris verdreht die Augen. »Ich besorge die Schokolade, Emma! Und nun binde mich los!«
Emma zeigt auf den Gefangenen. »Habt ihr das gehört, Fremde? Er nennt mich ›*Emma*‹! Weiß er denn nicht, dass ich Häuptling ›*Pinker Rächer*‹ bin?« Emma schlägt die Hand vor den Mund und heult weiter ihr Indianergeschrei. Dann schnappt sie sich eine Trommel und schlägt wild darauf ein, während sie um den Marterpfahl tanzt.
»Kinder! Was ist das für ein Lärm? Seid ihr nicht etwas zu alt, um Indianer zu spielen?«, ruft Oma Kassy amüsiert quer über den Hof.
Emma hält inne. »Weib, zeigt Respekt vor Häuptling ›*Pinker Rächer*‹!«

Oma Kassy kommt staunend näher. »Was möchte der Häuptling denn rächen?« Sie deutet auf Chris.
Dieser verdreht die Augen. »Sie will Schokolade.«
»Emma!« Voller Empörung dreht sich Oma Kassy zu ihrer Enkeltochter um.
»Schweigt, weise Großmutter! Dieser Gefangene hat ein Verbrechen begangen«, ruft Emma laut.
»Was denn?«, knurrt Chris. Es gefällt ihm gar nicht, dass Emma ihn gefesselt hat.
»Ihr habt der wunderschönen Squaw Mia den Hof gemacht, obwohl sie bereits dem Indianer Thomas versprochen wurde. Ihr habt euch in das Indianermädchen verliebt und sie sogar geküsst. Nun könnt ihr euch nur noch mit einer ordentlichen Portion Schokolade freikaufen.«
Oma Kassy lacht leise auf. »Emma, kleine Emma! Deine Absichten in allen Ehren, aber das ist Freiheitsberaubung und Erpressung.«
»Ach, Oma, du machst alles kaputt! Du musst das Spiel mitspielen!«, beschwert sich Emma.
Oma Kassy schnalzt mit der Zunge. »Hatte Euer Opfer denn die Gelegenheit, seinen Schokoladenlieferanten zu informieren?«
Emma stutzt. Dann holt sie ihr Handy aus der Tasche und hält es Chris hin.
»Wie soll ich telefonieren, wenn meine Hände gefesselt sind?«, knurrt Chris unwirsch.
»Sag mir dir Nummer!«, befielt Emma.
Chris nennt die Telefonnummer seiner Eltern und wartet geduldig ab, bis sich seine Mutter am Telefon meldet.
»Mama, ich bin entführt worden. Du musst mir helfen!«
»Waaaaas?«, schreit Chris' Mutter entsetzt durchs Telefon.

Mia verdreht die Augen. Sie rennt zum Telefon und übernimmt das Gespräch. »Frau Ebenholz?«

»Ja. Mia, bist du das?«

»Ja. Wir sind in der Baumschule. Chris steht am Marterpfahl. Er muss sich leider freikaufen«, erklärt Mia.

Emma beginnt erneut mit ihrem Indianergeschrei und trommelt wie eine Wilde herum, während sie um Chris herumtanzt.

»Gott, was ist das für ein entsetzlicher Lärm?«, fragt Arnika Ebenholz.

Mia lacht leise. »Emma spielt heute den pinken Rächer und hat Chris gefangen genommen.«

»Verstehe! Und nun braucht Chris meine Hilfe?«, hakt Chris' Mutter nach.

»Ja«, sagt Mia. »Aber selbstverständlich bezahlen wir die Schokolade auch.«

»Ich bin gleich bei euch«, sagt Arnika Ebenholz und legt auf.

Es dauert keine zehn Minuten, dann taucht Chris' Mutter mit einem Korb auf. In dem Korb sind allerlei Schokoladenproben.

»Mama! Na, endlich! Kannst du mich bitte befreien?«, ruft Chris fast schon verzweifelt.

Emma bleibt stehen. »Seid gegrüßt, Fremde!«

»Das ist Häuptling ›*Pinker Rächer*‹«, klärt Mia auf.

»Ich grüße Euch, Häuptling ›*Pinker Rächer*‹! Hier ist die Ware, die ich Euch zum Tausch gegen Euren Gefangenen anbiete!« Chris' Mutter hält Emma den Korb hin.

Oma Kassy kommt aus den Schatten der Bäume heraus und wedelt mit einem Zwanzig-Euro-Schein herum. »Hallo, Frau Ebenholz! Ich bin Emmas Oma. Super, dass Sie kommen konnten. Meine Enkeltochter hat manchmal leicht verrückte Ideen.«

»Hallo!«, sagt Chris' Mutter schmunzelnd und reicht Oma Kassy die Hand. »Ich bin die Mutter des Gefangenen. Was hat…er verbrochen?« Das ›er‹ klingt noch leicht holprig, aber Chris' Mutter gibt sich große Mühe, ihre Tochter nun als Sohn anzuerkennen.

»Er hat ein Indianermädchen geküsst, die bereits einem anderen Junghäuptling versprochen war«, antwortet Emma und nimmt Frau Ebenholz den Korb ab.

Erstaunt zieht Chris' Mutter eine Augenbraue hoch. Dann verschränkt sie die Arme vor der Brust. »Christi…Chris«, verbessert sie sich eilig, »stimmt das?«

Chris verdreht die Augen. »Ja, es stimmt. Ich habe Mia geküsst, obwohl ich versprochen hatte, mich Mia nicht mehr zu nähern.«

»Aha!«

»Ach, Mama, warst du noch nie verliebt?«, jammert Chris.

»Doch, mein Schatz! Aber auch in der Liebe ist nicht alles erlaubt. Du kannst dich nicht einfach in die Beziehung zweier Menschen drängen. Damit sammelst du schlechtes Karma. Und wenn man etwas verspricht, muss man sich daran halten«, widerspricht Arnika Ebenholz.

Chris verdreht die Augen. »Und ich dachte immer, im Krieg und in der Liebe sei alles erlaubt.«

»Das ist es auch. Fast. Aber ein Versprechen darf man nicht brechen. Die Schokolade darfst du wieder abarbeiten«, beharrt Chris' Mutter.

»Echt? Ach, Mama, muss das sein?«

Mia lächelt. »Gib dir einen Ruck, Chris! Wir essen die Schokolade alle gemeinsam bei einem gemütlichen Tässchen Tee in Emmas Oase.«

Unsicher blickt Chris zwischen den Freunden hin und her. Schließlich nickt er.

Emma zieht sich den Federschopf vom Kopf. »Den Tee habe ich schnell gemacht. Ach, seht mal, da kommen die Zwillinge!«

Nils und Amelie tauchen auf mit einem Korb voller Muffins. »Hi Leute! Wir haben Muffins gebacken.«

»Ihr kommt gerade richtig. Wir haben soeben eine Schokoladenlieferung erhalten«, ruft Emma.

»Das klingt ganz nach einem wahnsinnig gemütlichen Nachmittag«, sagt Amelie.

»Bist du dabei, Chris?«, fragt Thomas und hält seinem Klassenkameraden die Hand hin.

Chris, den Emma mittlerweile befreit hat, schlägt ein. »Ich bin dabei.«

Zufrieden lächelnd verabschiedet sich Chris' Mutter. »Viel Spaß und guten Appetit!«

»Danke, Frau Ebenholz! Ihre Schokolade ist die Beste«, ruft Emma ihr hinterher.

Grinsend dreht sich Chris' Mutter noch einmal um. »Das freut mich zu hören. Dann lasst sie euch schmecken! Und die Lieferung geht aufs Haus. Ich möchte kein Geld dafür haben.«

Schulterzuckend steckt Oma Kassy ihr Geld wieder in die Hosentasche und stibitzt sich eine kleine Tafel Vollmilchschokolade, bevor sie wieder im Gewächshaus verschwindet.

***

Breit grinsend schleppt Herr Knabe zwei große Behälter mit Kuchen in die Klasse.

»Herr Knabe, haben Sie Geburtstag?«, ruft Emma überrascht.

Herr Knabe grinst. »Besser.«

Mia reißt den Mund auf. »Sind Sie etwa Vater geworden?«
Herr Knabe nickt mit stolzgeschwellter Brust. »Es ist ein Junge. Er heißt Henri.«
»Wie süß!«
»Toller Name, Herr Knabe!«
Alle Schüler reden wild durcheinander.
Herr Knabe hebt kurz die Hand. »Und weil das ein Grund zum Feiern ist, gibt es heute Kuchen. Zugegeben, ich habe ihn in der Konditorei gekauft und nicht selbst gebacken. Ich war einfach zu aufgeregt. Vermutlich hätte ich den Zucker mit Salz verwechselt.«
Linda kichert. »Na, dann ist es ja besser, dass Sie den Kuchen gekauft haben.«
»Wir nehmen auch gekauften Kuchen, Herr Knabe«, ruft Lennard und leckt sich hungrig über die Lippen.
Herr Knabe lacht und verteilt das Gebäck. »Das glaube ich dir aufs Wort, Lennard!«
Eilig springen die Schüler herbei und lassen sich ihr Stück Kuchen auf einer Serviette überreichen.
Kaum sitzen alle Schüler mit ihrem Kuchen, holt Herr Knabe eine DVD heraus. »Und weil eine Party auch bedeutet, dass man sich amüsiert, habe ich euch einen Film mitgebracht.«
»Was gucken wir denn an?«, ruft Boris neugierig.
»›Tschick‹. Es geht um zwei Teenager, die Außenseiter sind und die dadurch eine besondere Freundschaft verbindet«, erklärt Herr Knabe.
»Nie gehört«, sagt Lennard.
»Dann lasst euch doch einfach mal überraschen«, sagt Matthew schon fast genervt.

***

»*Happy birthday to you*«, singt Mia leise.
Müde schlägt Thomas die Augen auf.
Seine Freundin steht mit einer brennenden Kerze vor seinem Bett und singt.
»Mia! Was machst du denn schon so früh hier? Haben dich deine Eltern rausgeworfen?« Verschlafen reibt sich das Geburtstagskind übers Gesicht.
»Quatsch! Ich wollte dir nur vor dem ersten Hahnenschrei gratulieren. Außerdem fängt die Schule gleich an. Ich habe dir sogar einen Kuchen gebacken.« Mia zeigt auf den Schokoladenkuchen.
»Lecker! Du bist ein Schatz!« Erfreut springt Thomas aus dem Bett und lässt sich umarmen. Plötzlich stutzt er.
»Moment mal! Wieso Schule? Ist heute nicht Samstag?«
Mia lacht laut auf. »Ja, heute ist Samstag. Ich wollte dich nur veräppeln.«
Thomas stöhnt. Dann blickt er auf die Uhr. »Es ist sieben Uhr morgens! Schlafenszeit. Los, komm mit in mein Bett!«
»Nichts da!« Mia wackelt mit dem Zeigefinger. »Wir haben heute etwas vor.«
»Echt? Was denn?« Grübelnd plumpst Thomas auf sein Bett zurück.
»Wir fahren an die Ostsee. Und heute Abend gehen wir zum Störtebecker-Spektakel. Deine Eltern sitzen bereits am Frühstückstisch«, sagt Mia.
»Cool!«, sagt Thomas und grinst. »Dann springe ich schnell unter die Dusche und ziehe mich an. Willst du unten warten?«
Mia nickt und verlässt das Zimmer.
Kurz danach taucht Thomas in der Küche auf. »Guten Morgen!«

Thomas' Eltern gratulieren ihm und überreichen ihm ein paar kleine Geschenke. Kaum hat er sie ausgepackt, lotst Thomas' Vater sie nach draußen. Dort steht ein Moped.
»Eine Simson! Cool! Wie krass ist das denn! Ihr seid die Besten! Vielen Dank, Mama und Papa!« Voller Begeisterung fällt Thomas seinen Eltern um den Hals.
»Freut uns, dass es dir gefällt. Und nun lass uns noch eben frühstücken, bevor wir an die Ostsee fahren«, sagt Thomas' Mutter.
Sie gehen zurück ins Haus und setzen sich an den gedeckten Tisch.
»Iss, damit du noch größer und stärker wirst«, witzelt Hans Wietmüller.
Thomas lacht. »Ich freue mich riesig, dass wir heute an die Ostsee fahren. Ich wusste gar nichts von eurer Überraschung.«
»Das haben Geburtstagsüberraschungen meistens so an sich«, sagt Mia. »Emma und Matt kommen übrigens auch gleich.«
»Cool! Das wird ja ein tolles Wochenende!«
»So soll es sein, mein Junge! Man wird ja auch nur einmal fünfzehn«, witzelt Thomas' Mutter.
»Das stimmt. Dann können wir es heute ja krachen lassen«, sagt Thomas und beißt genüsslich ins Brötchen.
Kaum hat er aufgegessen, klingelt es auch schon an der Haustür.
»Das werden Emma und Matt sein«, sagt Mia.
Thomas springt auf und läuft zur Tür. »Hallo ihr zwei! Ihr seid also auch zum Überraschungsausflug eingeladen?«
»Ja. Dein Papa war höchst spendabel«, hört Mia Emma antworten.
»Dann brechen wir mal auf, was, Mia?«, sagt Hans Wietmüller und zwinkert der Freundin seines Sohnes zu.

»Ja. Gerne. Ich freue mich.« Mia deckt noch schnell den Tisch mit ab, dann fahren sie los an die Ostsee.

Wo ist Herr Knabe?

»Das war ein megageiles Wochenende«, schwärmt Thomas, als er am Montagmorgen gemeinsam mit Mia das Klassenzimmer betritt. »Die Show mit Störtebecker war echt krass. Ich hätte die noch dreimal angucken können.«
»Die war wirklich der Renner«, sagt Emma und winkt den beiden zu. »Hallo!«
Nach und nach trudeln alle Schüler ein.
Es klingelt zur Stunde und niemand kommt.
»Wo bleibt nur Herr Knabe?«, fragt Emma fünf Minuten nach Unterrichtsbeginn.
Mia springt auf und läuft auf den Flur. »Weit und breit niemand zu sehen.«
»Sollen wir mal zum Sekretariat gehen?«, schlägt Thomas vor, der ihr gefolgt ist.
Mia nickt.
Gemeinsam laufen sie zum Sekretariat.
»Guten Morgen«, sagt Mia, »Herr Knabe ist noch nicht zum Unterricht erschienen. Ist er da?«
Die Sekretärin blickt auf. »Guten Morgen!« Dann nimmt sie ihren Telefonhörer hoch. »Wartet kurz! Ich rufe mal eben bei Frau Hafer an.« Als sie den Hörer auflegt, guckt sie ganz verdutzt. »Herr Knabe ist zuhause.«
»Zuhause? Aber wir haben Deutsch bei ihm. Ist er krank?«, fragt Mia.
Die Sekretärin zuckt mit den Schultern, als Frau Hafer, die Schulleiterin, das Sekretariat betritt. »Guten Morgen, Mia. Hallo Thomas! Ich komme sofort zu euch in die Klasse. Geht ruhig schon einmal vor!«

Verwundert gehen die zwei zurück in ihre Klasse. Sie müssen nicht lange warten, da kommt Frau Hafer herein.
»Guten Morgen, liebe Schüler!«
»Guten Morgen«, antwortet die Klasse 8b im Chor.
Frau Hafer räuspert sich. »Herr Knabe ist bis auf weiteres suspendiert.«
»Was? Warum?«, ruft Emma erschrocken.
»Was bedeutet das?«, fragt Amelie leise.
»Das bedeutet«, sagt Linda mit ernster Miene, »dass er gegen irgendeine Dienstvorschrift verstoßen hat und nun zuhause bleiben muss, bis die Angelegenheit geklärt werden konnte.«
»Du musst es ja wissen. Deine Mutter ist ja bei der Polizei«, sagt Michael anerkennend.
»Ja«, sagt Frau Hafer seufzend, »es liegt tatsächlich eine Anzeige gegen Herrn Knabe vor.«
»Nicht schon wieder«, brummt Mia genervt.
»Wie bitte?«, fragt die Schulleiterin entsetzt nach.
Mia verdreht die Augen. »Als wir in der dritten Klasse waren, gab es schon einmal eine Anzeige gegen Herrn Knabe, weil er uns über Homosexualität aufgeklärt hat.«
Mia blickt zu Thomas, der sogleich den Kopf einzieht. Abwehrend hebt er beide Hände.
Sein Vater hat in der dritten Klasse Anzeige gegen Herrn Knabe erstattet, weil er nicht damit einverstanden gewesen war, dass dieser im Unterricht über Homosexualität spricht.
»Na, so was! Und jetzt liegt gegen ihn eine Anzeige vor, weil er das Thema ›*Transidentität*‹ behandelt hat und die Eltern des betroffenen Kindes Anzeige beim Schulamt erstattet haben. Angeblich soll er Chris darin bestärkt haben, sich als Jungen auszugeben«, erklärt Frau Hafer.

»Was?«, ruft Chris erschrocken. Er springt so abrupt auf, dass er seinen Stuhl umwirft, der laut krachend zu Boden fliegt. »Meine Eltern haben etwas damit zu tun?«
»Christina…ähm, Entschuldigung! Chris, bitte setz dich wieder! Wir klären diese Angelegenheit auf«, sagt Frau Hafer schnell.
Doch Chris will sich nicht beruhigen. Er schnappt sich seine Tasche und läuft aus dem Klassenzimmer.
»Chris, warte bitte!«, ruft Frau Hafer ihrem Schüler hinterher, doch dieser hört sie nicht mehr.
Die Schulleiterin wendet sich an die Klasse. »Ich hoffe, ihr wisst, dass ihr den Schulhof während der Schulzeit noch nicht verlassen dürft, oder? Erst die Zehnklässler haben eine Erlaubnis, das Gelände zu verlassen. Das hat versicherungsrechtliche Gründe.«
»Sind wir etwa nicht versichert, wenn wir zum Shoppen gehen?«, platzt Lennard heraus.
Frau Hafer hebt eine Augenbraue. »Ihr geht während der Schulzeit shoppen?«
»Nein«, rufen einige Schüler entsetzt und werfen Lennard böse Blicke zu.
»Sollen wir Chris nachlaufen?«, bietet Mia an.
Frau Hafer schüttelt den Kopf. »Nein, danke, Mia! Ein Schüler, der die Regeln bricht und sich verletzen könnte, reicht mir. Ihr bleibt bitte hier! Wir versuchen etwas Unterricht zu machen. Wo seid ihr denn gerade im Lehrbuch?«
»Also, ich kann mich nicht konzentrieren, wenn ich weiß, dass Herr Knabe zuhause sitzt und Chris unerlaubt das Schulgelände verlassen hat«, murrt Boris.
»Verstehe«, sagt Frau Hafer schmunzelnd. »Na gut, dann weichen wir etwas ab vom Lehrplan und ihr schreibt auf, was ihr am Wochenende gemacht habt.«

»Ein Aufsatz?«, fragt Michael entsetzt.
»Ja.«
»Muss der der Wahrheit entsprechen?«, bohrt Michael weiter.
Frau Hafer mustert die Schüler. »Wenn ihr wollt, dürft ihr euch eine Geschichte ausdenken.«
Erfreut fangen alle an zu schreiben.

***

»Frau Hafer war richtig sauer auf mich«, sagt Chris seufzend. »Sie hat zuhause angerufen und mir einen ganz schönen Einlauf verpasst.«
»Du hättest nicht einfach weglaufen dürfen«, meint Mia.
»Ich weiß. Aber ich war so geschockt, dass meine Eltern eine Anzeige gegen unseren Klassenlehrer erstattet haben, obwohl mir Herr Knabe nur helfen wollte. Ich musste einfach zu ihnen laufen«, verteidigt sich Chris.
»Und was haben deine Eltern zu ihrer Verteidigung gesagt?«, fragt Emma neugierig.
»Sie hatten tatsächlich Anzeige erstattet und dann, als wir die Angelegenheit endlich klären konnten, haben sie vergessen, sie zurückzuziehen.« Chris schluckt. »Meine Mutter hat gleich im Schulamt angerufen. Aber der Amtsleiter meinte, jetzt könne sie die Anzeige nicht mehr zurücknehmen. Die Ermittlungen seien schon zu weit fortgeschritten. Nun müsste der Vorfall geprüft werden.«
»So ein Mist!«, entfährt es Mia.
»Tut mir echt leid! Das ist alles meine Schuld!« Chris zieht den Kopf ein.
»Papperlapapp! Wenn sich jemand grämen muss, dann deine Eltern. Erst treten sie so eine Lawine los und dann vergessen sie, das Rettungsteam einzuschalten«, winkt Emma ab.

»Leute, es bringt doch nichts, über gelegte Eier zu reden. Wir sollten etwas tun«, sagt Matthew. Nachdenklich kaut er auf seiner Unterlippe herum.
»Was haltet ihr davon, wenn wir alle Schüler zu einem Streik aufrufen. Wir demonstrieren damit gegen das Vorgehen der Schulbehörde«, schlägt Thomas vor.
»Dürfen wir das denn so einfach?«, hakt Mia nach.
Thomas nickt. »Natürlich. Wir sind doch Bürger der Bundesrepublik Deutschland. Und damit haben wir nach dem Grundgesetz auch das Recht, uns zu versammeln und unsere Meinung kundzutun.«
»Da spricht ja ganz der Herr Anwalt aus dir«, feixt Emma.
Thomas grinst. Dann zuckt er mit den Schultern. »Irgendeinen Vorteil muss es doch haben, wenn der eigene Vater Anwalt ist.«
»Dann organisieren wir einen Streik?«, will Mia wissen.
Alle sind sich einig. »Ja.«
»Na, Kinder, was heckt ihr schon wieder aus?« Oma Kassy blickt grinsend in die Runde.
»Wie kommst du darauf, dass wir etwas aushecken, Oma?«, fragt Emma verschmitzt.
»Ich sehe das an euren Gesichtern. Diese Entschlossenheit ist wie ein Spiegel. Als ich jünger war, habe ich in der Frauenbewegung mitgemacht. Wir waren damals auch zu allem entschlossen.«
»Was hatte es mit der Frauenbewegung auf sich?«, fragt Mia nach.
Oma Kassy lässt sich an der kleinen Getränkebar nieder.
»Wir kämpften Ender der sechziger Jahre und Anfang der Siebziger für viele Dinge, die uns Frauen beschäftigten. Wir wollten zum Beispiel den gleichen Lohn für die gleiche Arbeit bekommen…«

»Na, das hat ja nicht geklappt«, wirft Matthew ein. »Von meiner Mom weiß ich, dass Frauen heutzutage immer noch schlechter bezahlt werden als Männer, selbst wenn sie eine bessere Ausbildung haben und bessere Arbeit leisten.«

»Ja, leider. Das stimmt. Aber wir kämpften auch für die Freigabe der Antibabypille, für Kinderbetreuung, gegen Gewalt gegen Frauen und vieles mehr. Wir hatten es satt, dass wir unterdrückt wurden. Wusstet ihr, dass es in Deutschland einen Paragraphen gab, der besagte, dass nur der Ehemann darüber entscheiden darf, ob die Frau arbeiten gehen darf und als was sie arbeiten geht?«

Thomas nickt. »Ja, mein Vater hat so etwas erwähnt.«

»Unfassbar! Dann hätte ich niemals geheiratet«, platzt Emma heraus.

Oma Kassy lacht. »Ja, mein Schatz, du hast dieselben Gene wie ich. Wenn dein Opa mir nicht hoch und heilig versichert hätte, dass ich als Sekretärin an der Berliner Universität arbeiten darf, hätte ich ihn nie geheiratet.«

»Waren die Frauen nicht auch für die Abschaffung des Abtreibungsverbotes?«, fragt Matthew nachdenklich.

Oma Kassy nickt. »Ja, das stimmt. Früher war es verboten, ein Kind abzutreiben.«

»Echt?«

»Das war eine verrückte Zeit. Ich bin in Berlin aufgewachsen. In den siebziger Jahren wurden das erste Frauenzentrum und sogar Frauenbuch-Verlage gegründet. Es gab plötzlich Frauenbibliotheken, in denen jede Frau Zutritt hatte«, erinnert sich Oma Kassy.

»Dann seid ihr auf die Straße gegangen und habt für eure Rechte gekämpft?«, hakt Emma nach.

Oma Kassy nickt.

»Dann werden wir jetzt auch einen Streik anzetteln und gegen die Suspendierung von Herrn Knabe demonstrieren.« Entschlossen springt Emma auf.
»Demo? Streik? Cool, ich bin dabei«, sagt Oma Kassy begeistert. »Endlich kommt mal wieder Leben in die Bude.«
Emma lacht. »Du darfst dich um die Presse kümmern. Wir brauchen Leute von der Zeitung, die auch darüber berichten, damit die Schulbehörde Druck bekommt.«
Oma Kassy tätschelt Emmas Wange. »Das ist meine Enkelin! Ich bin so stolz auf dich. Wird erledigt!«
Emma küsst ihre Hand. »Danke, Oma! Und jetzt müssen wir loslegen!«

***

Wie auf ein Zeichen lassen alle Schüler am Gymnasium den Stift fallen, als es zur zweiten Stunde klingelt. Zur Überraschung aller Lehrer holen die Schüler sämtlicher Klassen selbstgemalte Transparente heraus und verlassen, ungeachtet des Protestes der Lehrer, ihre Klassenräume, um sich auf dem Schulhof zu versammeln.
Dort wartet bereits Oma Kassy mit ein paar Vertretern der Presse. Die schießen auch sogleich gemeinsam mit Oma Kassy die ersten Fotos von den demonstrierenden Schülern.
Emma hat ein Megafon, durch welches sie spricht: »Wir wollen unseren Lehrer zurück! Herr Gunther, lassen Sie die Ermittlungen gegen unseren Klassenlehrer Kevin Knabe fallen! Die Anzeige wurde längst zurückgezogen. Es ist unser Recht als Schüler, dass wir von unseren Lehrern aufgeklärt werden, auch wenn das nicht im Lehrplan steht.«

Die Schüler johlen und halten ihre Transparente hoch. Ein Filmteam vom Fernsehen trifft ein und macht eilig Aufnahmen.

Nach einer ganzen Weile fährt ein schwarzes Auto vor. Ein älterer Mann mit Halbglatze steigt aus. Er trägt einen schwarzen Mantel und läuft mit wehendem Stoff über den Schulhof.

Ihm folgen ein Mann und eine Frau.

»Beendet sofort diese unerlaubte Demonstration! Geht zurück in eure Klassenräume!«, ruft Heinz Gunther, der Amtsleiter der Schulbehörde.

Dann bleibt er stehen.

Seine Assistenten ebenfalls.
Fast rennen sie ihn noch über den Haufen.
Emma tritt aus der Menge hervor und spricht durch das Megafon. »Heinz Gunther, Sie sind der Amtsleiter! Sie leiten die Ermittlungen gegen unseren Klassenlehrer Kevin Knabe. Herr Knabe hat nichts Verbotenes getan. Wir haben ein Recht auf Aufklärung. Und wenn das Thema ›*Transidentität*‹ behandelt werden muss, dann ist das eben so.«
Alle Schüler johlen auf ein Zeichen von Mia und heben die Hände.
Der Amtsleiter hält eine Hand hoch.
Die Schüler verstummen.
»Ihr habt keine Genehmigung für diesen Aufstand. Begebt euch sofort in eure Klassenräume!«, ruft er.
»Nein! Zuerst wollen wir wissen, weshalb Sie die Ermittlungen gegen unseren Lehrer nicht einstellen«, ruft Emma durchs Megafon.
Der Amtsleiter guckt verärgert in die Runde.
Zwei Polizeiwagen fahren vor.
Erleichtert wendet sich der Leiter der Schulbehörde an die Polizisten. Er redet wild diskutierend auf die Beamten ein. Diese schütteln jedoch die Köpfe.
Mia, die sich an Herrn Gunther herangeschlichen hat, um das Gespräch mit den Polizeibeamten zu belauschen, rennt nun zu Emma zurück und erzählt ihr, dass die Polizisten nicht eingreifen können, weil die Schüler auf dem Privatgelände der Schule demonstrieren.
»Ihr geht augenblicklich wieder in eure Klassen zurück!«, brüllt Heinz Gunther wütend. »Jeder, der nicht am Unterricht teilnimmt, verstößt gegen seine Schulpflicht. Alle, die nun hierbleiben, werden einen Verweis bekommen.«

»Ist das alles, was Sie können?«, ruft Emma mutig durch ihr Megafon. »Weil Sie keine Argumente haben, drohen Sie uns allen mit einem Schulverweis?«
Frau Hafer, die Schulleiterin, tritt aus dem Gebäude. In den Händen hält sie einen Stapel Papiere. »Herr Gunther, die Demonstration wurde angekündigt. Ich habe hier über fünfhundert Anträge von den Schülern zur Freistellung vom Unterricht wegen der Teilnahme an der Demonstration.«
»Wollen Sie mich verarschen?«, ruft der Amtsleiter ungläubig.
Emma kichert hinter vorgehaltener Hand.
Thomas' Vater hatte sie im Vorfeld darüber aufgeklärt, dass sie den Schülerstreik gut vorbereiten und bei der Schulleitung eine Freistellung vom Unterricht beantragen müssen, um keinen Ärger zu bekommen.
»Die Schüler stören den Bildungs- und Erziehungsauftrag der Lehrer, wenn sie nicht am Unterricht teilnehmen«, ruft Herr Gunther außer sich.
»Den stören Sie auch, indem Sie uns unseren Lehrer vorenthalten, Herr Gunther«, ruft Emma durchs Megafon.
Der Amtsleiter fängt an, leise vor sich hinzuschimpfen. Plötzlich taucht Herr Knabe auf. Er wird von seiner Freundin begleitet und hat seinen kleinen vier Wochen alten Sohn vor die Brust geschnallt. Er hebt eine Hand und bringt die Schüler zum Schweigen. »Liebe Schülerinnen und Schüler, ich danke euch sehr für euren Einsatz! Ich fühle mich sehr geehrt, dass ihr euch für mich einsetzt…«
Weiter kommt der Lehrer nicht, denn die Schüler johlen und klatschen Beifall. Als sich die Schüler wieder einigermaßen beruhigt haben, erhebt Herr Knabe noch einmal die Stimme. »Bitte geht jetzt in eure Unterrichtsräume

zurück! Ich bin sicher, die Angelegenheit wird sich bald aufklären.«

»Das reicht uns nicht! Wir gehen erst in die Klassen zurück, wenn der Amtsleiter die Angelegenheit nicht weiter verfolgt«, ruft Emma.

Entschieden nicken alle Schüler.

Plötzlich setzt sich Thomas auf den Boden und alle Schüler machen es ihm nach.

Der Amtsleiter schlägt sich gegen die Stirn. »Ein Sitzstreik? Das wird ja immer schlimmer!« Wütend wendet sich Herr Gunther an die Polizei. »Ich lasse mich doch nicht erpressen!«

»Und wir lassen uns nicht unseren Lehrer wegnehmen!«, rufen die Schüler.

»Wir wollen Herrn Knabe zurück!«, ruft Emma und alle Schüler stimmen ein.

Der Amtsleiter schlägt die Hände über dem Kopf zusammen. Schließlich atmet er tief durch und hebt eine Hand. »Also gut! Ich werde heute prüfen, ob wir die Ermittlungen fallen lassen können. Aber...das ist eine absolute Ausnahme.«

»Das reicht uns noch nicht«, ruft Emma durchs Megafon. »Wir wollen unseren Lehrer zurück! Jetzt!«

Die Schulleiterin eilt zum Amtsleiter und redet auf ihn ein. Herr Knabe stößt dazu und schließlich gibt Heinz Gunther auf. Er wendet sich an die Schüler. »Also gut. Ihr könnt euren Lehrer wiederhaben. Ich lasse die Ermittlungen gegen ihn fallen.« Der Rest seiner Sätze geht im Jubel der Schüler unter. Tanzend und lachend greifen sich alle an den Händen und rufen laut: »Herr Knabe comes back! Herr Knabe comes back!«

Der Lehrer errötet und hebt eine Hand. »Vielen Dank!« Verstohlen wischt er sich eine Träne aus den Augenwinkeln.
Emma, Mia, Thomas und Matthew klatschen sich die Hände ab.
»Geschafft, Leute!«, ruft Emma stolz.

Regeln gelten für alle

»Guten Morgen, Klasse 8b! Schlagt bitte eure Bücher auf Seite achtzig auf!«
»Guten Morgen Herr Pflaumkuchen!«
Stöhnend blättern die Schüler der Klasse 8b in ihrem Chemiebuch herum.

»Christina, wir sind im Periodensystem der Elemente. Bitte erkläre mir, was mit dem Begriff ›*Hauptgruppen*‹ gemeint ist.«

Mia meldet sich empört, doch ihr Chemielehrer winkt ungeduldig ab. »Ich habe Christina gefragt. Ich weiß, dass du meine beste Schülerin in Chemie bist, Mia.«

Mia lässt ihren Arm sinken. »Herr Pflaumkuchen, Frau Hafer hat offiziell bestätigt, dass alle Lehrer Chris jetzt auch mit ›Chris‹ ansprechen und ihn wie einen Jungen behandeln sollen.«

»Danke!«, sagt Chris dankbar und schlägt verschämt die Augen nieder.

Horst Pflaumkuchen stöhnt. »Können wir das Theater nicht sein lassen, Kinder?«

»Nein«, mischt sich nun auch Emma ein. »Regeln gelten doch für alle, oder nicht?«

Der alte Chemielehrer brummt genervt in seinen gestutzten grauen Bart. »Natürlich gelten Regeln für alle. Sonst brauchen wir keine aufzustellen.«

»Warum können Sie dann nicht akzeptieren, dass ›Christina‹ jetzt ›Chris‹ ist?«, fragt Matthew.

Der Lehrer verdreht die Augen. »In Ordnung. Ich gebe mich geschlagen. Chris, würdest du bitte erklären, was eine Hauptgruppe ist?«

Chris nickt. Er lächelt seine Mitschüler dankbar an, die sich für ihn eingesetzt haben und legt los. »Ordnet man die 118 Elemente, die es auf der Erde gibt, nach steigenden Atommassen, so zeigen sich bei jedem neunten Element ähnliche Eigenschaften. Wenn man diese Elemente untereinander anordnet, so bekommt man Familien, sogenannte Hauptgruppen.«

Horst Pflaumkuchen nickt. »Nun, das ist richtig. Danke, Chris.« Er räuspert sich. »Heute widmen wir uns dem Wasserstoff. Weiß jemand, ob man Wasserstoff riechen kann?«

Wieder meldet sich Mia.

Thomas lächelt sie an und hebt ebenfalls einen Arm.
»Thomas!«, sagt Herr Pflaumkuchen erfreut. »Du hast wohl Nachhilfe von Mia bekommen, was? Na, dann leg mal los!«
Thomas grinst und zwinkert Mia zu. »Nein, Wasserstoff ist geruchlos und farblos.«
»Sehr schön, Thomas, das war richtig. Was für eine wichtige Verbindung kennt ihr mit Wasserstoff?«
Chris meldet sich.
»Ja, Chris, bitte!«
»Wasser.«
»Sehr gut.«

***

»Mann, bin ich froh, dass wir Chemie überstanden haben«, stöhnt Thomas nach der Doppelstunde im Chemielabor der Schule.
»So schlimm war das doch gar nicht«, widerspricht Mia.
»Das kann auch nur jemand sagen, der so gut in der Schule ist wie du, Mia«, grunzt Chris und verdreht die Augen. »Du musst ja stundenlang zuhause lernen. Es gibt wohl kein Fach, das du nicht kannst, oder?«
Mia zuckt mit den Schultern. »Physik mag ich nicht. Ansonsten könnten wir mehr Kunstunterricht haben.«
Thomas legt ihr einen Arm um die Schultern. »Und so viel lernt Mia gar nicht, sonst hätte sie nämlich gar keine Zeit mehr für mich.«
»Gib es zu, Thomas! Ihr habt heimlich zusammen geübt«, sagt Emma lachend. »Chemie ist echt nicht meine Welt. Mia, kannst du mir nicht auch Nachhilfe geben?«
»Dir?« Mia mustert ihre Freundin. »Immer doch. Wir fangen gleich heute an.«

»Nee, lieber morgen«, stöhnt Emma. »Oder vielleicht lieber übermorgen?«
»*Was du heute kannst besorgen…*«, zitiert Mia und wird von Emma unterbrochen. »*…das verschiebe nicht auf Morgen.* Ich weiß, ich weiß. In Ordnung. Heute Nachmittag gibt es Chemieunterricht in unserer Baumschule.«
»Aber du spendierst die Muffins«, fordert Mia.
Emma nickt. »Geht klar!«
»Können wir auch kommen?«, fragen Thomas und Matthew.
Mia kichert. »Ich soll wohl die ganze Klasse unterrichten, was?«
»Oh ja, ich würde auch gerne kommen. Ich kann Chemie überhaupt nicht«, sagt Chris.
Unsicher blickt er zu Thomas.
Dieser nickt schließlich. »Gut, du darfst kommen. Immerhin hältst du dich ja mittlerweile an unsere Abmachung.«
»Meine Mutter hat mir auch ganz schön den Kopf gewaschen«, stöhnt Chris.
»Aus gutem Grund«, sagt Emma. »Du warst ja unbelehrbar.«
»Leute, streitet nicht! Heute Nachmittag lasse ich mich von euch mit jeder Menge Kuchen bezahlen«, feixt Mia und streicht sich über den Bauch. »Ich habe jetzt schon Hunger!«
Thomas holt seine Brotbox aus dem Ranzen. »Dann habe ich genau das Richtige für dich.«
Mia blickt in die Brotdose. »Ein Kuchen in Herzform?«
Thomas nickt, stolz über seine Backkünste.
»Für mich?«
»Na, für Chris habe ich den Kuchen nicht gebacken«, witzelt Thomas und zwinkert Chris zu, der verschmitzt zurückgrinst.

Mia schleckt sich über die Lippen und greift zu. »Du bist doch der Allerbeste! Danke!«
»Das will ich doch hoffen«, sagt Thomas und steckt seine Brotbox stolz lächelnd wieder zurück in den Rucksack. »Das ist meine Anzahlung für deine Nachhilfestunden.«
Mia beißt lachend in den Kuchen und hebt einen Daumen. Antworten kann sie nicht mehr, denn sie hat den Mund voll mit Schokoladenkuchen.

***

»Na, das hat doch wunderbar geklappt«, lobt Mia und umarmt den Kuchen, der vor ihr steht. »Und bei so vielen Nachhilfeschülern brauche ich gar nicht mehr extra zuhause zu üben. Durch das Erklären kann ich bereits alles.«
»Du Glückliche!«, sagt Matthew stöhnend. »Ich glaube, ich werde mich nie für Chemie erwärmen.«
»Ich auch nicht«, sagt Emma und umarmt Matthew.
»Dann passen wir doch bestens zusammen«, feixt ihr Freund.
Emma nickt. »Obwohl die Chemie zwischen uns stimmt.«
»Stimmt«, sagt Matthew grinsend.
»Leute, wisst ihr, dass nur noch acht Wochen Schule sind? Dann sind schon wieder große Ferien«, sagt Thomas.
»Und ich werde Mike und meine Mutter besuchen«, jubelt Mia.
»Echt? Du bist ganze sechs Wochen in Südafrika?«, jammert Thomas.
Mia nickt und streichelt mitleidsvoll über seine Wange. »Tut mir ja leid! Aber vielleicht könntest du auch mitkommen?«
»Du würdest mich mitnehmen?« Thomas grinst.
»Natürlich. Wir müssen nur noch deine Eltern fragen. Meine Mutter hat bestimmt nichts dagegen.«

»Dann frage ich sie gleich heute Abend«, sagt Thomas.
Mia zieht ihn beiseite. »Was hältst du davon, wenn wir Emmas und Matthews Eltern auch gleich noch fragen? Wir könnten doch als Vierergespann auf den heißen Kontinent reisen.«
Thomas gibt seiner Freundin einen schnellen Kuss auf die Nase. »Das ist eine super Idee! Ich wäre dabei.«
Verschwörerisch lächeln sich beide an, dann stoßen sie wieder zu den anderen, die es sich in der Oase gemütlich gemacht haben.
»Na, was heckt ihr zwei schon wieder aus?«, fragt Emma grinsend.
»Überraschung!«, deutet Mia an und Thomas nickt. »Zuerst müssen wir das mit den Oberhäuptern abklären. Dann können wir euch einweihen.«
»Wollt ihr uns nicht wenigstens einen klitzekleinen Tipp geben?«, bettelt Emma, doch Mia und Thomas bleiben hart. »Nein, geduldet euch! Der Häuptling ›*Pinker Rächer*‹ muss erst noch ein paar Friedenspfeifen rauchen.«
Emma wedelt sich vor der Nase herum, als müsste sie Rauch wegpusten. »Um ehrlich zu sein, bin ich nicht so scharf aufs Rauchen.« Sie blickt zu Matthew. »Du etwa?«
Matthew zuckt mit den Schultern. »Naja, probieren kann man ja mal.«
»Nee«, sagt Emma entschlossen. »Dann riechst du ja wie ein Aschenbecher. Ich küsse doch keinen Aschenbecher!«
Matthew holt eine Kaugummipackung aus der Tasche. »Hast du bei mir schon etwas gerochen?«
»Wieso? Rauchst du etwa? Heimlich? Warum?«
Matthew verdreht die Augen. »Bist du meine Mutter oder meine Freundin?«
»Die Frage kannst du dir sparen, Matt! Beantworte lieber meine!«

Matthew stöhnt leise. »Ja, ich habe geraucht. Wollte das mal ausprobieren.«

Thomas schweigt.

Er wagt es gar nicht, Mia anzusehen.

Mia riecht Lunte. »Hast du etwa mitgeraucht?«

Thomas zuckt mit den Schultern. »Ist doch nicht so schlimm. Macht bloß keinen Affenaufstand.«

Mia und Emma sehen sich an und rollen mit den Augen. Keine von ihnen hat Lust auf einen Freund, der raucht.

»Wenn wir rauchen, nehmen wir danach Kaugummis und putzen uns dreifach die Zähne, in Ordnung?«, wendet sich Matthew an Emma.

Diese sitzt mit verschränkten Armen in ihrem Hängesessel. »Nicht wirklich. Ich verstehe überhaupt nicht, warum du rauchen musst. Es stinkt, schmeckt nicht, ist schlecht für deine Gesundheit und neue Freunde bringt es dir auch nicht.«

»Hast du etwa schon probiert? Oder woher weißt du, dass es nicht schmeckt?«, fragt Thomas.

»Mir reicht der Gestank. Daher gehe ich davon aus, dass es nicht schmeckt.«

»Ich glaube allerdings nicht, dass es keine neuen Freunde bringt«, mischt sich Chris ein. »Sieh dir nur die Werbung an! Die ganzen coolen Typen rauchen und sitzen mit ihren Freunden zusammen. Das sieht nach Spaß aus!«

Emma mustert Chris kritisch. »Bis eben warst du mir halbwegs sympathisch.«

Mia lacht leise. Dann hebt sie versöhnlich eine Hand. »In Ordnung, Jungs. Wenn ihr der Meinung seid, ihr müsst das ausprobieren und euer Leben verkürzen, dann macht das. Ich brauche das Stinkekraut nicht.«

»Ich auch nicht«, pflichtet ihr Emma bei.

Chris zuckt mit den Schultern. »Ich würde das mal probieren.«

Die Jungs grinsen. »Prima, Chris! Bist doch einer von uns, was?«

Chris windet sich etwas, dann streckt er seinen Rücken durch. »Das will ich doch hoffen.«

»Das ist echt nicht euer Ernst, oder? Ihr holt andere durchs Rauchen mit an Bord?«, empört sich Emma.

Auch Mia schnalzt mit der Zunge.

»Jungs!«, stöhnt Emma genervt und Mia nickt.

Du bist doch kein Freak!

»Chris, du strahlst ja heute so«, sagt Emma.
Chris setzt sich mit seinem Eis zur Clique. »Es geht mir auch gut. Die Hormontherapie schlägt gut an und meine Eltern gewöhnen sich langsam daran, mich mit Chris anzusprechen. Sie haben ihre Therapie begonnen. Sie sind zwar immer noch nicht glücklich mit der Situation, aber sie versuchen tapfer, damit umzugehen.«
»Und du verträgst das Testosteron gut?«, fragt Matthew neugierig.
»Trotz Zigaretten?«, wirft Emma genervt ein. Es stört sie gewaltig, dass die Jungs angefangen haben, auf Partys zu rauchen.
»Ich bin ja auch versucht, Testosteron zu probieren«, sagt Matthew, »dann kann ich besser Muskeln aufbauen.«
»Lass das lieber«, wirft Thomas ein. »Das hat bestimmt auch Nebenwirkungen.«
»Ja, auf jeden Fall«, gibt Chris zu. »Zu Anfang war es echt merkwürdig. Ich hatte manchmal ganz schöne Stimmungsschwankungen und bin deshalb auch ab und zu zuhause geblieben. Ich glaube, ich hatte noch nie so schlechte Laune. Aber jetzt habe ich mich daran gewöhnt und ich fühle mich mega gut.«
»Musst du das Testosteron dein ganzes Leben lang nehmen?«, fragt Emma.
»Ja. Aber das ist in Ordnung für mich«, gesteht Chris.
»Ich finde, sogar deine Stimme ist schon tiefer geworden«, sagt Emma.
»Echt? Endlich« Chris ist überglücklich.

»Das klingt doch alles positiv«, sagt Mia lächelnd. Sie beugt sich vor und betrachtet Chris' Kinn. »Du bekommst sogar schon Barthaare, oder?«
Chris nickt. »Ja, cool, nicht wahr?«
»Cool? Gott, das nervt total. Alle paar Tage müssen wir uns schon die Haarstoppeln abrasieren und du tust dir das freiwillig an«, sagt Thomas reichlich genervt.
»Dann wirst du dich bald umoperieren lassen?«, fragt Matthew neugierig.
Chris zuckt mit den Schultern. »Ehrlich gesagt, weiß ich das nicht. Überall sieht man Fernsehberichte und hört, dass die Operationen nicht immer gelingen. Wenn ich die Reportagen sehe, fühle ich mich wie ein Freak.«
»Du bist doch kein Freak«, beschwert sich Mia. Mitfühlend legt sie Chris eine Hand auf den Arm. »Lass dir so etwas bloß nicht einreden! Niemand, der nicht in deiner Haut steckt oder in einer ähnlichen Situation ist, kann überhaupt nachvollziehen, wie du dich fühlen musst.«
»In der Schule haben sie dich doch bereits als Jungen eingetragen. Und auf dem Zeugnis steht sogar Chris«, sagt Emma.
»Du hast auf mein Zeugnis geschielt?«, fragt Chris grinsend.
Emma zuckt mit den Schultern. »Ja. Ich gestehe, ich habe gelinst. Schlimm?«
Chris winkt ab. »Quatsch. Nein. Das Zeugnis ist mir total egal.«
»Echt? Mein Vater macht mir die Hölle heiß, wenn die Noten nicht stimmen«, stöhnt Thomas.
Mitleidsvoll streichelt Mia seinen Arm. »Aber dieses Jahr hat er doch keinen Grund sich zu beschweren. Deine Noten sind super!«

»Dank meiner Nachhilfelehrerin«, kontert Thomas und zwinkert Mia zu.

Mia grinst. »Gern geschehen.«

»Ganz ehrlich…«, Chris räuspert sich, »in ein paar Jahren fragt niemand mehr nach unseren Noten in der achten Klasse. Nicht einmal nach den Noten in der neunten oder zehnten Klasse. Mein Vater meinte neulich, niemand interessiert sich mehr für sein Abiturzeugnis. Die wollen alle nur seine leckere Schokolade essen. Warum also sollte ich mich unnötig abrackern und mir das Leben mit Lernen schwer machen?«

»Ganz so einfach ist das nicht«, widerspricht Thomas. »Wenn du später studieren willst, brauchst du gute Noten.«

»Trotzdem hat Chris irgendwie auch Recht«, mischt sich Emma ein. »Selbst wenn du Medizin studieren willst, zählen nur deine Noten im Abitur, also in der elften und zwölften Klasse. Keine Universität schaut sich dein Zeugnis aus der achten Klasse an.«

»Du meinst also, wir sollten erst in zwei Jahren anfangen zu lernen?«, fragt Matthew und lächelt seine Freundin an.

Emma zuckt mit den Schultern. »Nicht ganz. Ich finde, wir sollten jetzt fürs Leben lernen und nicht für die Noten. Klar, wir müssen den ganzen Stoff, den wir jetzt lernen, auch im Abitur wissen, und damit schadet es nicht, wenn wir jetzt ab und zu mal lernen. Aber wir sollten uns nicht verrückt machen. Es ist doch egal, ob wir in Chemie eine eins oder eine vier haben.«

»Dank Mia haben wir alle ja immerhin eine drei geschafft«, sagt Matthew dankbar. Er holt sein Portemonnaie aus der Tasche. »Und da ich mich nie bei den Kuchenrunden beteiligen konnte, lade ich Mia jetzt zu einem weiteren Eis ein.«

»Das klingt phantastisch«, schwärmt Mia. »Da gebe ich euch doch glatt noch mehr Nachhilfestunden.«

»Pass bloß auf, dass du nicht aus dem Leim gehst«, witzelt Emma. »Wir werden bestimmt noch viele Nachhilfestunden von dir brauchen. Und wenn wir dich immer mit Kuchen und Eis bezahlen sollen, wirst du fett.«

Mia kichert. »Diesen Sommer habe ich leider keine Zeit, fett zu werden.«

»Echt? Wieso?«, fragt Thomas überrascht.

Mia angelt einen Brief aus ihrer Tasche. »Ich besuche doch meine Mom und meinen Stiefvater in Südafrika. Das weißt du doch.«

Enttäuscht lässt sich Thomas im Stuhl zurückfallen. »Toll, und meine Eltern wollen nicht, dass ich dich begleite! Willst du mich hier wirklich ganze sechs Wochen zurücklassen?«

»Ich bin sicher, du wirst das überleben, mein Schatz!«, kontert Mia mit ernster Miene.

Thomas schnieft. »Mach dich nur über mich lustig! Du bist ja nicht derjenige, der zurückgelassen wird.«

»Na, mein Sohn, Probleme?«

Thomas blickt auf und sieht seinen Vater vor sich stehen. »Papa!« Er springt auf und bietet seinen Stuhl an, doch Hans Wietmüller winkt ab. »Danke, danke, Thomas! Ich bin mit deiner Mutter verabredet. Wir wollen gleich ins Reisebüro gehen und eine Reise buchen.«

Stirnrunzelnd blickt Thomas seinen Vater an. »Wie bitte? Du auch? Und ich? Wollt ihr mich etwa alleine hier lassen?«

Verwirrt blickt Hans Wietmüller zwischen Mia und Thomas hin und her. »Ich wollte mit deiner Mutter in die USA reisen. Da wollten wir schon so lange hin.«

»Na, toll. Dann lasst mich halt alleine zurück! Ich bin ja nicht so wichtig.« Wütend kickt Thomas gegen das Stuhlbein.

Mia springt auf und umarmt Thomas. »Du bist doch gar nicht alleine.«

»Doch. Du fährst nach Südafrika und meine Eltern fliegen in die USA. Oder willst du mich jetzt mit deinem Uhu und deinen Pinguinen verkuppeln und im Garten unterbringen?«

Mia lacht. Dann gibt sie Thomas einen Kuss. »Du begleitest mich doch!«

Verwirrt schaut Thomas erst Mia, dann seinen Vater an. »Ich dachte, ich darf nicht mitfahren!«

Hans Wietmüller grinst. »Wir wollten bloß erst dein Zeugnis abwarten. Wenn es nicht gepasst hätte, dann hätten wir dich sechs Wochen nach England verfrachtet. Schulstoff nachholen.«

»Wir waren so fleißig, dieses Schuljahr«, sagt Mia kichernd. »Da wäre England eine echte Strafe gewesen.«

»Das finde ich auch! Boah, wir fahren echt zusammen nach Südafrika?«, fragt Thomas.

Mia nickt.

Thomas umarmt Mia und wirft sie in die Luft.

»Das solltest du lieber bleiben lassen«, warnt Mia ihn.

»Ich habe viel Kuchen und Eis gegessen. Und wenn du dir einen Bruch hebst, kannst du leider nicht mit auf Safari gehen.«

Thomas hält inne.

Dann atmet er tief durch und gibt Mia einen Kuss. Schließlich umarmt er seinen Vater. »Danke, Papa, dass ich doch fahren darf! Das ist wirklich großzügig. Ich freue mich riesig.«

Thomas' Vater strubbelt seinem Sohn lächelnd durch die Haare. »Du warst wirklich fleißig dieses Jahr! Deine Mutter und ich dachten uns, wir belohnen dich, weil du dich in jedem Fach um eine Note verbessert hast.«
Chris zeigt auf einen Korb mit Schokolade. »Dann kann ich ja auch endlich meine Schulden bei dir bezahlen, Mia. Von mir hast du schließlich weder Kuchen, noch Eis bekommen.«
»Ihr müsst mich doch nicht bezahlen. Das ist immer nur im Spaß gemeint«, widerspricht Mia.
Chris lächelt. »Meine Eltern sind dir sehr dankbar für deine Nachhilfestunden. Sie haben mir extra noch einen ganzen Korb voll Schokolade für dich mitgegeben.«
Mia macht große Augen, als Chris den Korb aus der Kühltüte holt. Doch dann stutzt sie. Unsicher blickt sie zu Thomas.
Dieser verschränkt die Arme vor der Brust und blickt erst Chris, dann seine Freundin an. Schließlich grinst er ihr zu. »Na, los! Hol dir schon deine Belohnung! Hast du verdient.«
Mia gibt Thomas einen schnellen Kuss und umarmt Chris für die Unmengen an Schokolade. »Danke für die weltbeste Schokolade!«
»Gern geschehen.«
»Was machst du denn eigentlich in den Sommerferien?«, fragt Mia neugierig.
Chris überreicht Mia den Korb. »Ich fahre mit René in ein Kurzentrum an die Ostsee. Dort gibt es spezielle Angebote für Menschen wie uns.«
Mia klopft ihm auf die Schulter. »Sag das nicht! ›Menschen wie wir‹ klingt so merkwürdig. Ihr seid doch keine Aussätzigen. Ihr seid doch ganz normal.«
Chris grinst. »Fast. Wir sind fast normal.«

»Ganz normal wäre ja auch langweilig, oder?«, wirft Emma ein.

»Genau, und deshalb kommen Pippi Langstrumpf und ihr Pirat auch mit nach Südafrika«, platzt Mia endlich mit der Neuigkeit heraus.

Emma blickt ihre Freundin verwundert an. »Was hast du gerade gesagt?«

Mia lächelt. Dann zuckt sie mit den Schultern. »Matthew und du werden mit uns nach Afrika kommen. Wir haben einen Urlaub zu viert vor uns.«

»Willst du mich auf den Arm nehmen?« Entsetzt blickt Emma sie an.

»Sie kann Karate«, witzelt Matthew. Dann zückt er sein Handy und ruft seine Mutter an. »Mom, fahre ich nach Südafrika oder will Mia uns verarschen?« Er hört zu und legt schließlich auf. »Wahnsinn! Mia hat die Wahrheit gesagt. Unsere Eltern haben diese Reise einfach heimlich hinter unserem Rücken geplant.«

»Gemeinsam mit mir«, sagt Mia.

»Und ich darf auch mit?«, quiekt Emma.

»Du fährst natürlich auch mit. Aber ein Anstands-Wauwau muss schon sein«, platzt Oma Kassy dazwischen. »Ich fahre natürlich auch mit. Schließlich wollen wir ja, dass ihr alle wieder heil nach Hause kommt.«

»Du kommst auch mit, Oma? Cool!« Emma springt auf und umarmt ihre Oma stürmisch.

»Emma, das war ein Scherz! Natürlich komme ich nicht mit«, sagt Oma Kassy.

Emma lächelt ihre Oma zaghaft an, dann fällt sie Mia um den Hals. »Mann, ich habe schon gedacht, ich müsste sechs Wochen lang ohne dich auskommen. Was bin ich nur für ein Glückskind!«

Mia lacht. »Das kannst du laut sagen.«

»Ich bin ein Glückskind!«, ruft Emma nun so laut, dass sich alle Passanten kopfschüttelnd nach ihr umdrehen. Emma kichert. »Best friends forever?«
»Aber so was von! Beste Freunde für immer«, erwidert Mia.

ENDE

Liebe Leserin, lieber Leser,

vielen Dank, dass du dich mit mir zusammen auf die Suche nach Antworten gemacht und mit Mia auf ›Aufklärungs‹-Reise gegangen bist. Mir ist Mia mit ihren tollen Freunden mächtig ans Herz gewachsen.

Falls du mir eine besonders große Freude machen willst, dann schreibe doch bitte im Twentysix-Shop und/oder bei Amazon (oder einem Online-Buchhändler deiner Wahl) in einer Rezension, wie dir das Buch gefallen hat.

Egal, wie umfangreich deine Beurteilung ausfällt, als unabhängige Autorin ist es sehr wichtig für mich, Bewertungen zu bekommen.

Tausend Dank dafür!

Kontaktadressen:

›Mit Sicherheit verliebt‹

Das Projekt ist ein von Studierenden geleitetes Sexualaufklärungsprojekt der ›*Bundesvertretung der Medizinstudenten in Deutschland e.V.*‹ (bvmd). Wollt ihr das Projekt in eure Schule oder Einrichtung holen?

Hier sind die Kontaktdaten:

Mail: info@sicher-verliebt.de

Telefon (Berlin): 030 - 9560020-3

Website: www.bvmd.de

Es gibt außerdem viele Vereine, die Menschen unterstützen, die sich transident empfinden. Auch bei der Bundesvereinigung Trans* unter www.bv-trans.de findet ihr Antworten auf viele Fragen.

Herzbuch-Autorin und Illustratorin

Als Herzbuch-Autorin stehe ich für kind- und jugendgerechte Aufklärung mit Herz. Ich habe nicht nur die Aufklärungsreihe „Mia - Aufklärung mit Herz" mit brisanten Sachthemen und harten Fakten über Homosexualität, Trauerbearbeitung, Flüchtlinge, Mobbing, Sexualität, Transgender und Drogen geschrieben, sondern ebenso Märchen und Komödien, die auch dein Herz zum Lächeln bringen.

Mein Geheimnis? Ich liebe meine Arbeit, und das seit meinem 9. Lebensjahr.

 Willst du mehr über mich wissen, dann besuche meine Website
https://www.lilly-froehlich.de/

Quizfragen zur Mia-Reihe findest du übrigens auf www.antolin.de.

Bestseller ohne Cover?

Unmöglich!

Wir geben deiner Kunst ein Gesicht.

Hole dir noch heute deine kostenlose Erstberatung!

https://isabelleferrara.myonlinemail.de/

https://www.nuebedia.de/kuenstler.html

Ebenso im Handel erhältlich als Taschenbuch und E-Book
**Trennung - Eine Patchworkfamilie für Mia
(Band 1)**

Die siebenjährige Mia wollte eigentlich eine Schwester – bekommen hat sie einen leeren Küchenstuhl, denn ihre Eltern haben sich getrennt. Und weil das heutzutage gar nicht mehr so ungewöhnlich ist, lebt Mia bei ihrem Papa.
Während sich ihr Papa in ihre Klassenlehrerin verliebt, verliebt sich der kleine Pinguin Fridolin in Mia. Wird Frau Biber nun ihre neue Mama und deren Sohn Benjamin ihr neuer Bruder?
Mias Leben ist plötzlich wie ein zusammengewürfelter Haufen bunter Flicken – Patchwork eben!

ISBN: 978-3-740-765576
Ab 6 Jahre

Ebenso im Handel erhältlich als Taschenbuch und E-Book
**Andersrum - Mia und die Regenbogenfamilie
(Band 2)**

Aufregung in Bärenklau! Mias Klasse bekommt Zuwachs – ein Zwillingspärchen aus der Hauptstadt. Nils und Amelie haben zwei Mütter, leben also in einer Regenbogenfamilie und davon haben die Bewohner in Bärenklau noch nie gehört, erst recht nicht die Klasse 3b. Und so beschließt ihr neuer Klassenlehrer, Herr Knabe, die unterschiedlichen Familienformen im Unterricht zu besprechen. Ganz zum Ärger von Thomas' Vater, der einen Riesenwirbel veranstaltet, um Herrn Knabe auszubremsen. Mia freundet sich mit den Zwillingen an und stellt schnell fest, dass zwei Mütter fast ganz normal sind – Regenbogen eben!

**ISBN: 978-3-740-765583
Ab 7 Jahre
Von der AJuM der GEW für Schulen empfohlen!**

Ebenso im Handel erhältlich als Taschenbuch und E-Book

Neuanfang - Mia und die Flüchtlingsfamilie (Band 3)

Die Bürger von Bärenklau sind nervös und haben Angst. Menschen aus fremden Ländern, in denen Krieg herrscht, sollen in ihrem kleinen Ort untergebracht werden. Dabei ist das Dorf doch viel zu klein, niemand spricht Arabisch und die Fremden verstehen kein Wort Deutsch. Als das Flüchtlingskind Samira in Mias Klasse kommt, spaltet sich die Klassengemeinschaft genauso wie das Dorf in zwei Lager: diejenigen, die die Fremden ablehnen und diejenigen, die sich über die Neuzuwachs freuen. Aber reicht das aus, damit
die neuen Dorfbewohner heimisch werden?

ISBN: 978-3-740-765590
Ab 8 Jahre

Ebenso im Handel erhältlich als Taschenbuch und E-Book

Überlebenskampf - Mia und die Zirkusfamilie (Band 4)

Hurra, der Zirkus ist da! Mia freut sich riesig auf die Vorstellung, doch die Freude wird durch demonstrierende Tierschützer getrübt. Als die beiden Zirkusmädchen Tina und Toulouse in Mias Schulklasse kommen, tauchen eine Menge Fragen auf. Mia besucht mit ihren Mitschülern den großen Circus Diadem und die Tierschutzorganisation von Bärenklau. Hier dürfen die Kinder einen Blick hinter die Kulissen werfen. Bei Mia geht es also mal wieder turbulent zu und ein tragischer Unfall auf der Klassenreise am Meer führt zum Gefühlschaos.

ISBN: 978-3-740-765606
Ab 8 Jahre

Im Handel erhältlich als Taschenbuch und E-Book
**Entmobbt - Mia und die Pflegefamilie
(Band 5)**

Mobbingopfer können sich nicht von alleine aus der Mobbingfalle befreien und Mobber hören mit dem Schikanieren von sich aus auch nicht wieder auf. Das müssen Mia und ihre Freunde schnell feststellen, als Michael über einen längeren Zeitraum immer heftiger von Lennard, Boris und Hannes geärgert und verletzt wird. Sie wenden sich an ihren Klassenlehrer Herrn Knabe, der Anti-Mobbing-Experten in die Schule holt. Nach einem Selbstmord an der Schule organisiert der Schülerrat das Projekt „Schule ohne Rassismus - Schule mit Courage". Zeitgleich erfährt Mia nicht nur, dass ihre Tante eine „Bereitschafts-"„Pflegemutter ist, sondern ihr langjähriger Kumpel Lucas ein Pflegekind. Warum lebt er in einer Pflegefamilie und was bedeutet das überhaupt? Warum hat er so ein großes Geheimnis daraus gemacht? Und kann die Schule das Mobbingproblem
in den Griff bekommen?

**ISBN: 978-3-740-765613
Ab 10 Jahre**

Ebenso im Handel erhältlich als Taschenbuch und E-Book
Ungewollt - Mia und die Teeniefamilie
(Band 6)

Bella Lustig ist Mias Klassenkameradin und eigentlich recht unauffällig. Heimlich trifft sie sich mit dem Mädchenschwarm der Klasse, Boris Brotmayer, und plötzlich ist sie schwanger. Mia, Emma und Amelie sind geschockt. Bella ist doch erst 15! Der Klassenlehrer, Herr Knabe, holt sich externe Unterstützung, um die Klasse aufzuklären. In einer Projektarbeit bekommen die Schüler ein Baby-Dummie, eine Puppe, die schreit, wenn sie versorgt werden will.
Unglücklicherweise sind Bellas Eltern gegen die Schwangerschaft. Als das Baby da ist, fühlt sich Bella schnell überfordert. Und mit einem Mal ist es gar nicht mehr so aufregend, ein Baby zu haben, denn Bella muss sich Tag und Nacht um die Kleine kümmern. Bald ist sie am Ende ihrer Kräfte - eine Lösung muss her. Werden Mia und Emma ihr helfen können?

ISBN: 978-3-740-765620
Ab 12 Jahre

Ebenso im Handel erhältlich als Taschenbuch und E-Book
Drogen(un)glück - Mia und die Stieffamilie
Band 8

Als Mia mit ihrem Freund Thomas in die Teeniedisco geht, schüttet ein Fremder die illegale Droge Crystal Meth ins Glas, welches Thomas unbeobachtet stehen lassen hat. Thomas kann daraufhin drei Tage nicht schlafen, spürt keine Schmerzen, hat keinen Hunger und wird aggressiv. Mia ist geschockt, als er plötzlich anfängt Cannabis zu rauchen. Thomas Eltern stellen fest, dass sie Thomas mit Vernunft und Aufklärung nicht zu kommen brauchen, denn die Baustelle im Kopf, die die Pubertät verursacht, ist gar nicht so einfach zu überlisten. Auch der Klassenlehrer, Herr Knabe, versucht die Jugendlichen durch einen Drogenberater von den Drogen wegzukriegen.
Thomas rutscht immer tiefer in die Drogenszene und auch Michael, der Stress mit seinem neuen Stiefvater hat, sucht Ablenkung im Drogenkonsum. Mia und Emma versuchen, die Jungs zu bekehren, aber reicht das aus?

ISBN: 978-3-740-765279
Ab 13 Jahre

Ebenso im Handel erhältlich als Taschenbuch und E-Book
Interview mit Rumpelstilzchen Junior
(Märchen)

Emma Valentino wollte Steven nur eine Einladung zur Kostümparty geben. Doch dann saß sie plötzlich in einer Waldhütte vor einem zotteligen Zwerg, der behauptete, Rumpelstilzchens Sohn zu sein.

Er war es leid, dass sein Vater als Bösewicht in die märchenhafte Geschichte eingegangen ist, und wollte endlich mit den Vorurteilen aufräumen.

Im Gegenzug für das Interview hat er Emma ein Date mit Steven versprochen. Und so purzelte sie in ein märchenhaftes Abenteuer mit vielen Überraschungen.

ISBN: 978-3-740-705640
Ab 10 Jahre

Ebenso im Handel erhältlich als Taschenbuch und E-Book
Zabzaraks Spiegel
(Fantasybuch)

Die Erde war einst ein Ort, an dem Menschen und Lichtwesen friedlich miteinander lebten. Doch eines Tages erklärte der machthungrige Zauberer Tarek Su Zabzarak den Krieg. Er tötete das gütige Herrscherpaar Lady Tizia und Lord Kodron. Dann stahl er den Elben das Lachen und die Musikinstrumente, so dass sie keine Menschen mehr heilen konnten. Zabzarak krönte sich selbst und wurde zum Herrscher über Zaranien. Etwa tausend Jahre später half ein Junge namens Merlin seinen Freunden bei der Suche nach einem Kater. Dabei durchbrach er den Schleier des Vergessens. Jeremy und Lissy versuchten ihn aufzuhalten und landeten mit ihm in Zaranien, dem Land der Elben und Feen. Sind die drei Freunde tatsächlich die Auserwählten? Können sie es mit dem schwarzmagischen Zauberer und seiner Armee aufnehmen?

ISBN: 978-3-740-745875
Ab 9 Jahre

Bald im Handel erhältlich als eBook und Taschenbuch

Rache der Formoren

(Fantasy)

Drei Jahre sind vergangen, seitdem Merlin und seine beiden Freunde, Jeremy und Lissy, Zaranien, das Land der Elben und Feen, von der Schreckensherrschaft des dunklen Zauberers Zabzarak befreit haben. Doch plötzlich tauchen Formoren überall in der Menschenwelt auf und wollen die Weltherrschaft an sich reißen. Die schwarzmagischen Wesen, halb Mensch, halb Tier, ernähren sich von der positiven Energie der Menschen und stiften überall Streit und Unruhe.
Als Lissy nun auch noch von dem Drachenmenschen Mars entführt wird, beginnt eine wilde Jagd. Können Merlin und Jeremy ihre Freundin befreien? Werden sie Balori, den Herrscher der Formoren bezwingen können?

ISBN 978-3-740-711801
Ab 9 Jahre

Als Taschenbuch und E-Book im Handel erhältlich

Susannah-Bücher

Band 1 - Bänker sind vom Schnöselplaneten - Echt!
(ISBN: 978-3-740733261)

Band 2 - Und Clowns sind aus dem All - Echt!
(ISBN: 978-3-74074309)

Band 3 - Kinder sind vom Mars - Echt!
(ISBN: 978-3-740743604)

Susannah Johnson hat eine Pferdemähne wie ein Haflinger, einen Hintern so groß wie ein Mini-Ufo-Landeplatz und als Tochter einer wirklich biestigen Mutter nimmt sie so ziemlich jedes Fettnäpfchen mit. Sie glaubt fest an das (australische) Rumpelstilzchen und natürlich an (verschlafene) Sachbearbeiter im Universum, die ihr ständig die falschen Typen vor die Nase setzen.
Aber dann endlich findet sie ihren Traummann und natürlich macht auch das Familienglück vor diversen Pannen kein Halt.

Urkomische Bücher für alle, die mal wieder so richtig lachen wollen.

Ebenfalls als Taschenbuch und eBook im Handel erhältlich

Ein Zwilling kommt niemals allein
ISBN: 9-783-740-75298-9

Melina Klein wird auf einer Musiksession von Amors Liebespfeil vergiftet, nur leider hat Amor vergessen, die Adresse des Auserwählten an den Pfeil zu kleben. Benjamin Müller ist leider nicht nur Ehemann, sondern auch ein Zwilling. Als Henri Müller auf Melina trifft, nimmt der Zwillingstausch seinen Lauf!

Du schon wieder
ISBN: 978-3-740-75312-2

Anabelle Hausstein, Lehrerin, könnte mal ein Blind Date vertragen, findet ihr Bruder. Doch der Anvisierte, Phineas Thor Marvelin, Polizist, ist alles andere als begeistert von dem schlagfertigen ›Nilpferd‹. Finden die zwei trotz Fehlstart zueinander?

Millionär auf Abwegen
ISBN: 978-3-740-75315-3

Henrik Amandus Edmundus, Multimillionär, hat die Nase voll von ›Geldgeierladys‹ und trifft ausgerechnet auf Kathalea Pfennigbaum, die es satt hat, alle Männer durchzufüttern. Aber schafft es der Sachbearbeiter im Universum, einen angeblichen Müllmann mit einer ›Millionärjägerin‹ zu verkuppeln?

Ebenfalls im Handel erhältlich als eBook und Taschenbuch

Antonio Hexenmacher, 36, Single, ist weder Zauberer noch Hexer. Eines Tages ist er es leid, von einem Bett ins nächste zu hüpfen. Er beschließt, den Hafen der Ehe anzusteuern. Doch Antonio will nicht irgendeine Frau. Er will eine Hexe. Als er Johanna auf dem mittelalterlichen Spektakulum zum ersten Mal begegnet, weiß er: Das ist sie! Johanna Orlando, 31, Single, ist eine freie und unabhängige - Hexe. Sie liebt und lebt die Traditionen der Wiccas im Kreise ihrer Familie nach den Regeln von Lady Gwen Thompson: ›Und schadet es niemand, tue, was du willst‹. Doch bevor die beiden endlich den Bund fürs Leben schließen können, bedarf es mehr als nur weiße Magie, um den schwarzmagischen Attacken von Tante Adelheide Mechthild Gardner auszuweichen, denn die alte Dame hat sich in den Kopf gesetzt, die Hochzeit ihrer Großnichte mit einem nichtmagischen Mann mit allen Mitteln zu verhindern.

Die hexenhaft, romantischen Liebeskomödien von N. Schwalbe!

Band 1 - Suche Hexe fürs Leben
(ISBN 978-1-518-715235)

Band 2 - Finde Hexe fürs Leben
(ISBN 978-1-518-715280)